Mi historia con el Cártel de Sinaloa

El periodista que traicionó a El Chapo

Raul Tacchuella

Mi historia con el cartel de Sinaloa

Diseño de portada: Renso Ventura

Diagramación: Plumadigital

Todos los derechos reservados ©John Galeano 2020
Ninguna parte de este libro puede reproducirse, almacenarse en un sistema de recuperación, o transmitirse de cualquier forma o por cualquier medio, electrónico, mecánico, fotocopiado, grabación u otro, sin el permiso expreso por escrito del editor.

Indice

Capítulo 1: Así comenzó mi historia con el Cártel	7
Capítulo 2: Un poco sobre Zambada	27
Capítulo 3: Los Antrax	33
Capítulo 4: La rivalidad entre los Beltrán Leyva y el cártel de Sinaloa	39
Capítulo 5: Narcotumbas	43
Capítulo 6: AMLO y el cártel de Sinaloa	47
Capítulo 7: Los sobornos del Cártel de Sinaloa	55
Capítulo 8: La política de Honduras y el cártel de Sinaloa	59
Capítulo 9: ¿Por qué los hijos del Chapo no atacan a El Mayo?	61
Capítulo 9: María Teresa, la hija de Mayo Zambada	63
Capítulo 10: La historia de Los Venados	65
Capítulo 11: Los Hermanos Arzate	69
Capítulo 12: Holanda y los laboratorios	71
Capítulo 13: El Chapo y su miedo a los perros	73
Capítulo 14: Lo sangriento del cártel	75
Capítulo 15: Las mujeres del Chapo	81
Capítulo 16: Las criptomonedas	85
Capítulo 17: La mujer que traicionó al Chapo	89
Capítulo 18: Cómo fue el juicio del Chapo	93
Apelará	98
Noticia que se publica dos días después	102
Nota del editor	103

Capítulo 1: Así comenzó mi historia con el Cártel

Intento número uno

Hace un rato recibí unos mensajes de WhatsApp. Sí, soy un culero por tener el teléfono operativo. Aunque la ubicación está deshabilitada. El audio pertenecía a Pacho, uno de los hombres del cártel. Tienen tiempo buscándome, pero no han podido dar conmigo. Me quieren matar.

Soy periodista, pero este libro no podré escribirlo bajo mi autoría, sería un radar para mi cabeza. Escribo porque necesito acabar con toda esta tensión que llevo dentro.

Esta pesadilla comenzó hace tres años, cuando conté lo que no debía. Abusé de la confianza del cártel, que me pago una lana bien grande para hablar bien de ellos. Escribir sobre sus progresos, aportes a la comunidad, ayuda a las personas de bajos recursos y mostrar las maravillas que no mostraban los medios.

Pero entrar al mundo de ellos fue...

Peligroso, no es mi mundo y nunca debí aceptar ese dinero, menos comenzar a gastármelo.

Ahora me buscan para matarme y temo que tarde o temprano me encontrarán. Nadie imagina el poder tan grande que tiene este cártel, el poder que albergan, ellos son el poder, ellos son México.

Escucho algo afuera. Mueven unas latas, alguien habla fuerte, voces de hombres. Podrían ser ellos, voy a ver, no puedo seguir escribiendo.

Intento número dos

Lo que escribí hace unos días, solo fue un susto, como muchos de los que siento cada día. Los que me despiertan en medio de la noche y me hacen agudizar la vista para ver si no encuentro siluetas en la oscuridad, el brillo de la luna reflejado en algún arma de fuego.

Tengo miedo de ser un periodista más desaparecido, una cifra que sume un número más a los tantos colegas perdidos estos años. Nadie habla de esto. Los medios de comunicación ocultan la realidad de lo que sucede en México, no les conviene. Han acabado con muchos cárteles en el continente, pero uno tan viejo como esos que acabaron, están vigentes, poderoso y con muchas personas conectadas. El golpe más fuerte que se dio hace un tiempo fue la caza del Chapo, pero de resto, el cártel de Sinaloa está tan saludable como desde que nació y ganando dinero, tanto dinero que podría acabar con la deuda externa y vivir diez vidas llenas de lujos.

Se degradará el papel moneda antes que se lo puedan gastar.

Sobre mi seguridad, debo confesar que me tocó moverme hace unas noches de mi pasado escondite, me sentía vulnerable, en peligro, sentía que podía morir en cualquier momento. Me desplace, donde estoy ahora, o es que me sienta mejor, pero el efecto placebo de que les dejé la pista, ayuda a poder teclear.

Creo que dejaré un poco mis miedos y comenzaré esta historia, desde mi punto de vista, desde lo que viví, conocí y sentí dentro del Cártel más poderoso de México, el Cártel de Sinaloa.

El origen de mi infierno

Yo descendí al infierno por las escaleras de lava, el día que decidí servirle como voz a este cártel. Cuando entré y comencé a conocer a cada uno de los miembros y a ver pasar frente a mí la gran cantidad de lujos y vida que se daban, lo cual no es malo, porque es ostentación, gustos, lujos que se da la gente y no es algo que deba sorprender cuando se sabe que son capos.

Pero mientras aquí podrían estar ostentando un Ferrari de gran gama, único en todo el país, al otro lado, a apenas metros, se podía ver a dos hombres arrastrando a alguien que pedía que le perdonaran la vida, pero luego, minutos después se escuchó una detonación que acalló todo el jolgorio que había, fue un silencio pesado que duró unos veinte segundos, el respeto tácito que le dieron al muerto, luego, alguien rompió el hielo con un chiste malo sobre el auto, otro se lo siguió y atrás quedó la muerte y el cuerpo que seguro desaparecerían como tantos otros.

A mí no se me olvidó esa muerte y se me quedó tatuada en la mente. Pensé en todo lo que podría suceder a partir de entonces y cómo sería si me fueran a cazar.

En otra circunstancia me creería protegido por formar parte de una profesión de tan alta estima y respeto como el periodismo, pero en México… solo hay que encender CNN para escuchar que encontraron una fosa común con todos los periodistas desaparecidos hace años.

Así que me asusté, me sentí vulnerable. Aunque por un momento me sentí el Chapo Guzmán, dándome lujos, ostentando, gozando del pago adelantado que me dieron y que no justifiqué como debí.

Aunque mi situación comenzó a ponerse un poco complicada, cuando un día, no sé por qué, me dio por publicar una nota que me pidieron de un medio, lo más de sana, donde hablaba de los lujos del cártel, específicamente de los hijos de Guzmán. Ya para entonces lo habían atrapado y formaba parte de los presos de Estados Unidos.

En el reportaje dije que los otros miembros del cártel intentaban llenar el vacío del recluso, pero que estaban lejos de lograrlo, porque el poder del Chapo era inigualable.

Esto lo dije, lo juro, con la intención de mostrar que era leal, pero fue malinterpretado. Luego comencé a hablar de los lujos del cártel. Dije que los hijos mostraban sus animales salvajes, exóticos y que vivían con todos los lujos posibles, los autos de alta cilindrada que mostraban sin pudor. Los aviones, y todos esos trofeos que ellos no tenían miedo de enseñar, incluso en las redes sociales se podían ver.

Cuál era el miedo entonces. No mostré nada que ellos no hubieran fanfarroneado ya.

También comenté que los hijos del Chapo no se encargaban del cártel, solo de gozarse el dinero, lo cual tampoco era un secreto. Aunque ahora que leo esto que acabo de escribir, sí que la regué, me fui de lengua larga y conté lo que no debía, pero eso no es todo, también narré más.

Dije nombres, por ejemplo, el de Ovidio Guzmán, uno de los diez hijos del Chapo, que fue atrapado hace un tiempo y luego lo liberaron porque los del cártel se pusieron violentos en Culiacán.

Puse también que los hijos del Chapo controlaban un pequeño territorio y que querían ser líderes del cártel, pero no eran capaces. Dije que no eran capaces de manejar o dirigir todo este cártel y esto sí que les molestó, incluso al propio Chapo.

Ovidio Guzmán, ahijado de El Mayo Zambada, es un hombre al que le gustan los caballos pura sangre y apuesta grandes sumas en peleas de gallo, las personas le dicen El Ratón.

El Chapo es padre de cuatro mujeres y seis hombres, esto producto de tres matrimonios, aunque una de las mujeres más antiguas fue Estela Peña, su primera pareja, con quien no tuvo hijos, pero sí le dio mucho dinero para que viviera bien.

Ovidio y su hermano Joaquín, de 34 años, son hijos de Griselda López, y ya los han señalado de distribuir cocaína, metanfetaminas y marihuana desde México y otros lugares para la importación a ese país.

Griselda ayudó varias veces a escapar al Chapo, y de todo esto hablé un poco y también mostré lo que no debía, lo que fue llevando a que me llamaran, me sentaran y me preguntaran por qué me había puesto de bocón a decir lo que no debía, por horas estuvieron preguntándome e indagando sobre mí, al final, supongo un poco de simpatía les hizo dejarme quieto, pero a partir de entonces comenzaron a vigilarme con otros ojos, fueron viendo cosas en mí que antes no y al final terminé siendo enemigo del Cártel de Sinaloa y comenzaron a cazarme.

Claro, cuando sentí que querían matarme, no sé por qué, pero publiqué un extenso artículo donde mostré las cañerías del cártel y ese fue el boleto para mi condena a muerte. Ahorita vivo de gratis, pero mientras llega, me dedicaré a escribir lo que será mi último trabajo de vida.

Hoy en día quienes están al frente del Cártel de Sinaloa son Iván Archivaldo, Jesús Alfredo y Ovidio, los tres hijos del Chapo Guzmán y El Mayo. Son los poderosos del narco hoy en México.

Desde que nace en 1980, el Cártel ha sido de los grupos más poderosos de México en el tema del narcotráfico, la ha controlado en gran medida el Chapo, aunque ahora ha variado porque el hombre está en Estados Unidos.

Sería hace muchos años cuando Miguel Ángel Félix Gallardo, quien está preso, fue el fundador del cártel de Guadalajara con Ernesto Fonseca, alias Don Neto y Rafael Caro Quintero, a principios de los 80 del siglo XX cuando se consolidó como la primera organización mexicana que controló el narcotráfico y los envíos de la droga a Estados Unidos.

El Cártel en sus inicios no era mentado por nadie, pero se mostró descaradamente luego del asesinato del agente de la DEA Enrique Camarena en 1985, un caso que desató la persecución de los dirigentes y llevó a la cárcel al propio Félix Gallardo, a Fonseca que ya fue liberado y a Caro Quintero, quien es prófugo hoy en día.

Luego de todo esto, a finales de la década fundó, el cártel de Sinaloa, que se mantuvo activo y ganó fuerza al mando de personajes como Ismael El Güero Palma, Joaquín el Chapo e Ismael El Mayo Zambada, el único de ellos que jamás ha sido arrestado y es la figura hoy en día de la organización.

El Chapo se hizo famoso cuando matan al cardenal mexicano Juan José Posadas, el 24 de mayo de 1993 en la ciudad de Guadalajara, cuando un grupo rival confundió al prelado con el poderoso narco, que además llevaba el mismo auto que el religioso.

Ahora mismo quienes están al frente del cártel son Iván Archivaldo, Jesús Alfredo y Ovidio, quienes llevan el control con El Mayo. El líder histórico de la organización, que extiende tentáculos en por lo menos 17 de los 32 estados de México, además de que cuenta con una presencia internacional bien amplia.

Mientras tanto, los hijos del Chapo, tomaron el control desde que fue capturado Dámaso López, alias El Licenciado al que acusaron de traición y le declararon la guerra.

Dámaso era quien iba a suceder a Joaquín Guzmán, luego que le capturan, se fuga con esa histórica estrategia de salirse por medio de un túnel bien hecho en la prisión de seguridad de El Altiplano.

En esa época el Chapo retoma el mando con El Mayo y desde entonces se buscaron como los sucesores naturales al frente del organismo criminal. Sucedía por entonces que entre tanta persecución se estaban dando algunas divergencias entre las facciones.

En cuanto a los hijos del Chapo, tenemos a Iván Archivaldo, hijo de Alejandrina Salazar y señalado como el primogénito del Chapo, y uno de los personajes de mayor jerarquía en el cártel de Sinaloa desde que extraditaron a su padre.

Archivaldo fue apresado en 2005 por lavar dinero y luego es dejado en libertad tres años después, cuando el juez desestima las acusaciones.

Ovidio, de 28 años, es hijo de Griselda, la segunda esposa, y tiene un perfil más bajo que su hermano Archivaldo, aunque la importancia que tiene en el cártel ya es clara para todo y yo lo vi ampliamente en su momento.

Además, es colocado en la lista de los narcos internacionales por el papel que tenía en las actividades del Chapo, y le congelaron muchas de las operaciones y los activos que tenía en Estados Unidos.

Jesús Alfredo, es del os más violentos de los hermanos y es de los más buscados por el FBI, ese es quien se encargaba de mandar la droga a Estados Unidos.

Ovidio nunca ha sido detenido, solo lo han retenido en su casa y con una flexibilidad pasmosa, por eso es un poco precipitado ese operativo para atraparlo.

Esto desató una ola de violencia en la ciudad de México de Culiacán y dejó ocho muertos y la fuga de 49 reclusos de la prisión local. El presidente AMLO comentó que canceló el operativo para proteger la vida de las personas.

"No puede valer más la captura de un delincuente que las vidas de las personas. Ellos (el gabinete de seguridad) tomaron esta decisión (liberarlo) y yo la respaldé", indicó López Obrador.

La verdad es que el verdadero poderoso dentro del Cártel de Sinaloa es El Mayo, es tan grande el poder, que todo muerto que ha caído a manos del cártel, sea de manos de los sicarios o de las autoridades, ha sido ordenada por El Mayo, además, los arrestos que se dan de algunos líderes del cártel, se logran porque el hombre lo autoriza y pide que sea así.

Por eso es que la recompensa por su captura es de 5 millones de dólares, aunque este se oculta en las montañas, lejos de cualquier peligro y con muchos alrededor, alerta a cualquier avance de las autoridades, pero él tiene comprado a medio México, por lo que no es fácil de agarrar.

Mayo Zambada, nunca ha pisado la cárcel, aunque le ha dado miedo ser apresado. El cártel de Sinaloa está conformado por familias y grupos que se dividen el poder, desde dentro de la organización, no hay un líder formal, claro de boca para afuera, porque la verdad es que El Mayo es quien manda allí.

Pero lo que sí noté es que dentro hay muchos líderes con un gran líder total, hay grupos criminales que se han adaptado a territorios y formas para producción, comercializar y mandar droga a Estados Unidos. Ellos tienen libertades y políticas propias, son una organización con varias familias y un mismo territorio y trabajan juntos, pero no revueltos.

Son un cúmulo de organizaciones, que preparan droga y así trafican con ciertas libertades y a la vez con independencia, lo que les permite no ser apresados a pesar de todo.

Dentro de los grupos están los de Zambada, la familia Salazar, la familia Flores, el grupo de Rafael Caro Quintero, la familia Fuentes Villa, la familia de Juan José Esparragoza Quintero, los hijos del Chapo, y los de Román Angulo entre otros.

De allí sobresalen nombres como el de Zambada, Caro Quintero, muchos grupos independientes no rinden cuentas y no son nombrados por ninguna autoridad, están al margen de todo, mandan droga en gran cantidad, le pagan por transportar sin problema.

Cada grupo tiene métodos distintos de distribución y hasta ahora son efectivos, también tienen métodos de venta, territorios y formas distintos, tienen la capacidad de tener acuerdos con el cártel para evitar problemas.

Comparten ganancias en los traslados de droga, a veces pueden mandar en un solo avión un par de cargas de distinto interesado. También se dedican a protegerse entre ellos, tal como sucedió en Culiacán cuando distintas bandas se unieron para que no detuvieran a Ovidio Guzmán López.

Muchas empresas de Culiacán son parte de la propiedad de El Mayo, también con propiedades en Jalisco y Bogotá, Colombia.

Desde que atrapan al Chapo, el Cártel se divide en cuatro secciones, una de ellas es la de los hijos del Chapo, otra a Rafael Caro Quintero, una más a Aureliano Guzmán, quien es hermano de Loera, y la última encabezada por el propio Ismael Zambada.

Aunque reza no ser piramidal, el Mayo es el líder máximo ahora mismo y muchas acciones de peso son consultadas antes de hacerlas. Este da la bendición o se niega, según sus propios criterios.

El cártel de Sinaloa es de los más poderosos del mundo, cuidado si no el más poderoso, para mostrar el poder solo basta decir que mueve 10 toneladas de droga al mes. Mueren heroína, cocaína, cristal, de todo. Operan en más de 50 países de los 5 continentes.

Por supuesto muchas veces ellos se han caído con muchos kilos de droga, le han quitado toneladas, pero mientras las autoridades atrapan uno, ellos pasan 100.

También les han quitado mucho dinero, pero es nada para el que se mantiene o se comen las ratas, en los escondites del cártel. Todo el mundo consume de la droga que producimos, como diría Molotov.

La sensación de estar en Sinaloa es abrumadora, desde mi llegada la primera vez a las fauces del cártel, fue de sentirme observado y así era porque el cártel tiene ojos en todos lados. Las medidas de seguridad son extremas y para ellos cualquier es enemigo, más cuando tenemos insignias de periodistas.

Siempre que llevan periodistas a los cárteles, normalmente les ponen en un hotel, le llaman luego y le dicen que no lleve cámaras y cuando las autorizan, solo se pueden encender cuando ellos digan y si algo ocurre, entonces se toman medidas, en estos casos, cuando suceden las traiciones, primero es asesinado el que contactó al periodista con el cártel y luego al periodista.

En mi caso ya asesinaron a la persona que me puso en contacto con ellos, en este caso fue un empresario conocido en la ciudad, fue acribillado delante de todos. Falto yo.

Aquí no hay cómo esconderse si uno la riega. Te pueden matar aquí, en Europa o donde sea. De un poder de este Cártel no se escapa. Nunca, eso lo sé.

El cártel tiene muchas propiedades y en varias de ellas se reúnen para temas de estrategias, siempre armados, como si se tratara de un campamento de militares, con sistemas de seguridad bien hechos, así controlan la zona.

Protegen y están a la orden del patrón, sin cuestionar nada, si da una orden es porque el hombre la analizó. Cuando los matones cumplen una tarea es porque ya está analizado, no hay peros.

Están armados hasta los dientes, con todo tipo de armamentos, hasta M-50, que es artillería pesada para enfrentamientos grandes. Han derribado helicópteros, autos, carros de guerra. Son más de quince mil hombres en la organización a lo largo de todo México. Es todo un ejército al servicio de la fuente de riqueza del cártel que es la droga.

Los laboratorios quedan en medio del monte, alejado de la civilización y también de las autoridades, una de las razones para hacerlo así es porque los químicos que utilizan son muy tóxicos. Los hombres llevan trajes de protección química y allí todos tienen que ponerse máscaras de protección para no inhalar los gases.

Luego que procesan la droga, la muelen la hacen polvillo para poderla inhalar. Y después vienen los procesos de distribución.

El cártel de Sinaloa ha sido tan buen estratega que son los mayores distribuidores del mundo, haciendo en laboratorios improvisados en un día hasta 100 libras, y en laboratorios más poderosos, mucho más, así es que logran que saquen casi tres toneladas a la semana y por lo menos 10 toneladas al mes.

Cada libra de esta metanfetamina cuesta cuatro mil dólares. Algo que caracteriza a este cártel es que hace de todo, marihuana, cosa, meta, heroína, todo. Porque la demanda lo exige. Es como el quincallero que vende todo, desde la droga de los pobres, porque como dicen ellos "esta es una droga que uno lo tiene que manejar", por eso es que acaparan todo el mercado.

Las tierras de la droga

El cártel controla todas las drogas. De la cocaína controla todo el paso de los países productores hasta Estados Unidos, metanfetaminas las maneja todas hasta la frontera de Culiacán, y la marihuana y la heroína se produce en la sierra de Sinaloa.

Es ahí a esa sierra donde reinan los narcos, donde estuve en varias ocasiones, este lugar es mítico, porque aquí nació la organización y todos sus capos. Un paraje inaccesible, que sirvió de refugio al Chapo, desde donde ahora mismo controlan el negocio.

Allí cuentan con varias pistas clandestinas donde aterrizan y despegan todas las avionetas que se llevan la droga fuera de las fronteras para distribuirla.

Todo aquel que llega sin autorización a estas tierras, como ha sucedido en algunas ocasiones, termina asesinado, porque todo esto es territorio del cártel de Sinaloa. En la pista y los alrededores siempre hay hombres armados con fusiles de asalto, atentos al cielo y a la tierra, pendientes de que no haya intrusos y que nada se salga de control.

En estas sierras tienen grandes plantaciones de marihuana, donde trabaja hasta una docena de personas, de cada cosecha sacan más de 200 kilos, no muy lejos de las tierras con plantaciones de marihuana, hay otros cultivos, como el de la amapola, la que da origen a la goma de opio, el ingrediente básico de la heroína. Cada hoja es finamente cuidada, las flores se protegen y personas especializadas la protegen de todo mal, cada planta es rayada suavemente, para que salga un líquido blanco, que al día siguiente se vuelve negro, esa es la goma de opio y luego es llevada a los laboratorios para hacer la heroína.

La droga cuesta unos dos mil dólares aproximadamente, este es el precio de la goma. Se pueden sacar por persona nos veinte kilos por cosecha y da para generar dinero y darse lujos, muchos viven bien en las organizaciones independientes del cártel.

Kilos de marihuana y heroína con inmensas ganancias que hace que la sierra sea una empresa que trabaje para el cártel de Sinaloa.

Estas tierras por supuesto como ya dije, están protegidas, hombres con entrenamiento militar, preparados física y mentalmente para darle guerra a las autoridades. En caso de que vengan en captura de algún hombre, ellos tapan los caminos y hacen todo lo posible para que no lleguen las autoridades y si hay que dar la vida por el patrón, pues se da. Estas personas dan la vida, porque el cártel les ayuda mucho, cada militar del cártel tiene afecto por el patrón, amor, por eso protegen al cártel de otros cárteles, secuestradores, asesinos de mujeres y niños, extorsiones, y allí es cuando ellos atacan a muerte, para proteger a los sinaloenses.

Como buenos mexicanos, aquellos narcos que están libres, que no tienen problemas con la justicia u orden de captura, acuden a fiestas, a buscar conectar con las diversiones y los encuentros de la ciudad. Algo muy característico de ellos es hacer fiestas en cementerios, en la noche, con bandas de músicos, mucho licor y por supuesto mujeres.

Lo hacen así, porque cada que beben recuerdan a sus muertos y vale recordar que México tiene un fetiche con la muerte como ningún otro país. Esto lo hacen en el cementerio que tiene esas tumbas lujosas que llaman narcotumbas, espacios que tienen 40 mil dólares, con aire acondicionado en los mausoleos, cocina y en realidad son casas más que tumbas.

Hombres que están en las fiestas con todos esos lujos, armados, y el epílogo de la fiesta son habitaciones donde terminan con mujeres y cocaína por unos días, hasta que el cuerpo aguante.

Muchos de estos narcos se dedican a darse lujos, los lujos de Culiacán son: mujeres, licor, carros del año, droga, leones, tigres y todo lo que los pobres no pueden comprar. Si se va a una fiesta con escoltas, pacas de dinero, droga y armas, se tienen las mujeres bonitas, si se va sin eso se tienen las feas, las indias.

Aunque muchos gustan de esas mujeres, entonces las toman, las arreglan, le ponen tetas, culos, e inflan o quitan cosas para que luego que sean bellas, se vayan con otros hombres a la cama. Allí, el patrocinador de todo esto, el que pagó porque ellas estuvieran bellas, las manda a matar, es por eso que muchas mujeres amanecen muertas en Culiacán, le faltan a los narcos y esto no se la calan, si pagan para que las mujeres estén bonitas es porque las quiere para su propiedad, así nomás.

Por eso es que siempre hay feminicidios en México, según estadísticas son siete mujeres asesinadas a diario.

En cuanto a la heroína los que producen la droga con la amapola, ganan 175 mil dólares al mes, para lograr sacar toda la producción, claro, ellos se arriesgan mucho, porque la DEA no descansa y siempre está desmantelando laboratorios rudimentarios, produce la droga, y la entrega a los distribuidores.

Pero si la DEA los agarra, les tortura, les pone bolsas en la cabeza les golpea e incluso hasta los mata, todo porque les diga de quién es la droga, es el riesgo del negocio. Nadie habla. O es asesinado.

Distribución de la droga

Los caminos para sacar la droga son muy variados y siempre están innovando, para mantener al cártel protegido. Por ejemplo, se puede sacar por algún lugar de la costa. En una barca pueden meter hasta 500 kilos de droga, la idea es llevarla a una barca más potente, para luego navegar mil kilómetros hasta la frontera con Estados Unidos.

La droga comienza a cargarse cuando se dan cuenta que no hay nada anormal en la zona, llega un auto cargado, bajan la mercancía y la meten en el bote para que siga su camino.

Todo esto por supuesto lo hacen en medio de la noche.

Cada cargamento no está exento de riesgos, como todo cártel ha tenido que pasar por situaciones donde pueden verse obligados a enfrentar a bandas rivales, la policía o el ejército.

Por ejemplo, luego que arrestan al Chapo, la casa de su madre, ubicada en la sierra es atacada con explosivos, esto producto de la guerra que tiene el cártel con otros grupos armados, guerras de poder, juego de tronos donde unos y otros buscan medir fuerzas para quedarse este imperio. El pueblo está en el medio, buscando qué hacer para sobrevivir.

La ciudad también padece la guerra, Culiacán es sede de muertes, venganzas y traiciones.

De allí es de donde salen las famosas balaceras de Culiacán, cuando dos bandas rivales se encuentran, fuertemente armadas y se caen a tiros. Muchos en contra del Chapo y otros a favor, pero el Chapo dejó sus códigos de honor inculcados y desde la cárcel da órdenes. Entre ellas está el no meterse con civiles, no matar por paga, no secuestrar, todos esos códigos se respetan.

Esto se da fácilmente porque en el cártel todo mundo paga a todos y desde la policía hasta los políticos o civiles están pagados, así hablan cuando hay que hablar, callan cuando hay que callar y miran para otro lado cuando corresponde.

El dinero del cártel compra todas las voluntades y las éticas y morales. Lo que sucede es que, por ejemplo, un policía, no se da cuenta cuándo está de un lado o del otro, recibes órdenes y las cumples sin preguntar. Son jefes de policía pagados que ordenan a sus policías que hagan cosas, incluso cuando se dan cuenta que es el narco, entonces lo hacen igual. El policía honesto no tiene mucho lugar en esto, si eres un policía honesto terminas en un escritorio… o muerto.

Cuando un policía no acepta, es asesinado, aquí impera la ley de que aceptas el dinero o mueres o la conocida Plata o plomo.

Los asesinos a sueldo del cártel tienen cientos de muertes encima, algunos tienen esto como un don, el talento para matar cientos de personas, con frialdad, es algo que según me han contado ellos mismos, termina matando por placer, por gente que se lo merece y si hay orden. Da ansiedad no matar, se activa ese lado primitivo de querer matar.

Es un vicio que se tiene que controlar, solo cuando toca, cuando lo mandan, porque es una adrenalina que se disfruta.

Hay gente que vomita cuando se le sacan las tripas, se estripan los dedos o las uñas de una tortura, pero otros la disfrutan, porque son necesarias, muchas muertes que son merecidas, porque acaban con violadores, asesinos, rateros y gente de otros bandos, son enemigos, secuestradores, ladrones, gente mala, por eso es que muchos asesinos desean que eso suceda.

En las guerras son bandos contrarios que quieren invadir y esto no se permite. Esto es una guerra que nunca acabará, porque muere uno y salen diez.

En el mundo del narco hasta la guerra genera negocio, esto lo saben los empresarios funerarios, ellos lo saben y tienen ya fichados los asesinatos para dar con las familias y ser las primeras opciones para contratar los servicios exequiales. Ellos van a los tiraderos y buscan en la basura, torturados, con tiros de gracia, son buscadores de muertos que van a la cacería de ellos para hacer dinero.

Se llaman por teléfono, se datean y dan información, cuerpos levantados, asesinados al abrigo de la oscuridad en descampados y procesados. Para alguien que no está metido en esto le parecerá muy escabroso, pero para ellos es normal, así como para el periodista de Sucesos es ir a tomarle fotos al cadáver.

Es una realidad de narcos, policías, civiles, periodistas y todos, aquí no se salva nadie.

Así como la muerte se da cita en cualquier lugar, en paralelo sucede el negocio y nada se detiene, por ejemplo, preparan los clavos, que son los autos con droga camuflada para que pase sin problema por la frontera con Estados Unidos. La dificultad de los clavos es conseguir huecos que ni se imagine para meter droga, esto sirve para poder acomodar en los sitios la droga y que no sea pescada en la frontera, que pase como un auto más, por eso los autos se preparan muy bien. esto se debe hacer con sumo cuidado, porque la policía mirará cada huella de manipulación, cada soldadura, cualquier detalle que no sea típico del auto.

Pase lo que pase, la droga no se puede encontrar, es todo un desafío de mucha paciencia y cuidado. Es una habilidad para llevar flotas de droga, con cientos de kilo diarios entrando a Estados Unidos, por las fronteras, por las narices del cártel. Al terminar ellos hacen un video detallado del auto y lo mandan a sus jefes, lo envían al sitio, ellos saben que si se cae habrá problemas.

Los desiertos de Tijuana también tienen tentáculos, droga que sale de Sinaloa para entrar a Estados Unidos, que está a kilómetros de este desierto. Allí hombres reciben la droga y la mandan para que entre al país gringo. Media tonelada diaria de droga de todo tipo, la que le toque ese día entrar a Estados Unidos. De todo esto, lo más peligroso en los operativos, es que lleguen los soldados en helicópteros y las autoridades a cazarlos.

En esta frontera hay más de veinte punteros, estos son hombres metidos en medio de la nada, con rifles de alto calibre y mira, apuntando a todo, buscando cualquier indicio de movimiento extraño para reducirlo, estos hombres están las 24 horas del día, todos los días del año, en la movida, listos para disparar.

Cada cargamento pasa por cada puesto de información y este anuncia que pasó y así va hasta el último puesto, y luego llega a manos de los responsables que lo harán pasar la frontera.

Cuando la droga llega a la frontera, allí se debe enfrentar a una barrera formada por cientos de kilómetros de valla, mucho desierto, y más de veinte mil guardias fronterizos. El cártel de Sinaloa centra sus esfuerzos en los mil donde tiene más poder, los que van de Ciudad Juárez a Tijuana.

El primer paso es almacenarla en casas seguras, almacenes donde se guarda la droga recibida desde el otro lado de la frontera. Allí en estas casas están bien protegidos, primero son casas secretas, segundo, tienen dentro todo el tipo de armamento necesario para evitar que algún chivato se atreva a hablar o para torturar a personas que hablen demasiado o hayan fallado con el cártel, se tienen clavos, palos afilados, amarres, en fin, armas medievales para tortura.

La droga es limpiada en estos sitios para evitar que puedan identificar, en caso de caerse, dónde fue empacada, además le echan algunos productos para que el perro no los pueda identificar tan fácilmente. Cuando se llevan la droga, siempre lo hacen dos autos, uno atrás, cuidando la mercancía y el de adelante, con la carga encima, si se cae en la frontera ante las autoridades, el de atrás sigue como si nada, si no, entran a territorio de Estados Unidos y sigue como si nada.

Cuando la droga es entregada al otro lado, muchas veces se tiene que pasar la mercancía, pero en sentido contrario, siempre es todo tipo de mercancía, en este caso, lo que más cruzan a suelo mexicano son las armas. La pasas como la droga, pero al revés. Drogas, suben, armas bajan. Cada día cruzan dos mil armas desde Estados Unidos a México. Alguien podría creer que es un problema meter armas a México, pero la verdad es que son muy ligeros y se entra sin siquiera ver, sin problemas, las cosas del mundo. Por eso es que el cártel de Sinaloa es tan poderoso.

A las mujeres también les sale una forma de pasar droga y es en la vagina, se meten tubos largos como un pene erecto, con droga en sus genitales, protegida, como si fuera un miembro.

Con esto se va a Tijuana en avión y luego cruza la frontera a pie, por un viaje, una mujer puede ganar puede ganar cuatro mil dólares. Esto a riesgo de poder pagar 25 años de cárcel en Estados Unidos. Las mujeres saben a lo que van, y lo hacen porque quieren ese dinerito.

La entrada de droga es alta, muchas mujeres entrando a diario, en un vuelo pueden ir hasta 5 mujeres cargadas de droga, aquí no valen la cantidad de programas de Alerta Aeropuerto que hagan mientras revisan a uno, pasan veinte.

En la frontera, entran a pie, cruzan sin problema y la entregan a uno del cártel que las espera y se dedica a ello.

Pero también hay muchas otras formas de meter la droga y hay una que es dura que es dura, donde se juega la vida cada uno de los que la cargan. Burreros le llaman. Por el desierto de Sonora, con temperaturas de hasta 50 grados. Se encuentran unos 300 cadáveres al año, intentando pasar, un infierno de muerte y sol.

El burrero es lo peor de llevar droga, el peor camino, 40 a 50 kilos de droga al lomo. Allí mueren muchos, con la droga atrás, y en eso nadie puede hacer nada, cada uno cuida su pellejo, cada quien se cuida solo, nadie le puede ayudar, si alguien se quiebra una pierna ahí queda, el de al lado no lo puede salvar porque si no serán dos muertos.

Es una odisea donde ganan si llegan bien, de 1500 a 2000 dólares. Bastante poco para el riesgo. Serpientes, migración, sol, sed, hambre, muerte. Riesgos muy altos. Son personas que van con camuflaje, en pantuflas para que no queden huellas. Ocho días a pie buscando para que no los pillen. Es muy duro, no se sabe qué pasará en el desierto.

El cártel de Sinaloa es la organización más poderosa del mundo, porque genera unas ganancias incalculables, inmensas, poderosas, que no puede medir nadie, que le da para que pague a todos sus sicarios, asesinos, ladrones, delincuentes y a todos los que se puedan sobornar.

Los narcojunior

Ahora quiero narrar un poco lo que conozco de unas figuras que conocí en mi estadía en el cártel, estos son los narcojunior. Ellos, por lo general suelen tener un perfil bajo, en muchos casos solo se les conoce el nombre cuando las autoridades, especialmente las gringas, los relaciona con algún delito.

Se los primeros a nombrar de esa camada, tenemos a Ovidio, de quien ya he hablado, de apellido Guzmán e hijo del Chapo, este fue arrestado un 17 de octubre y desde ese día su nombre dejó de ser privado. Tanto sus delitos como sus estilos para vivir. Las imágenes que se recaudaron de él impactaron a algunos que no le conocían.

Nació en Badiraguato, Sinaloa, y se describe como que no le interesan los lujos ni los autos deportivos, pero vaya que le encanta vivir lujoso con sus caballos de pura sangre y se gasta un dineral en los gallos, lo que se consume mucho en México.

Ovidio también tiene contacto con otros del cártel como lo son su hermano Jesús Alfredo e Iván Archivaldo Guzmán Salazar. Jesús Alfredo de 36 años, pertenece a una generación de mafiosos con temeridad de su ostentosa vida en las redes sociales.

Según el gobierno gringo, este capo se quedó a cargo de una facción del cártel de Sinaloa, lo cual es cierto, también está su hermano mayor, Iván Archivaldo.

Alfredillo ha sido mencionado en una acusación federal que en el año 2009 se le interpuso en la corte de Chicago, y que lo señala junto con otros implicados en enviar una gran carga de droga a Estados Unidos.

Iván nace del matrimonio con María Alejandra Salazar. En el año 2005 el primogénito del Chapo es arrestado por un caso de lavado de dinero, pero le dejaron libre. El dinero que se gana Archivaldo se devuelve a México por medio de depósitos bancarios, por transferencias y en artículos de alta gama, por ejemplo, con un Lamborghini Murciélago.

"Sera" es como se conoce a Serafín Zambada Ortiz, hijo menos del capo El Mayo Zambada, un joven que sí que vive con grandes lujos y excesos.

Tiene una vida excéntrica y se dio a conocer en 2013 cuando lo arrestan en un cruce fronterizo entre Nogales y Arizona. Entonces el menos de los jóvenes, es condenado a 66 meses de prisión, lo que le acusan es de cargar 100 kilos de droga de coca, y más de una tonelada que metió a Estados Unidos.

El defensor del presunto sicario asegura que la condena es un triunfo, porque se le iban a meter diez años e incluso una cadena perpetua, el delito lo merecía.

Hay detalles que han sido expuestos de su vida, esto porque dijo él mismo, donde asegura que vivió en una jaula de oro desde que nació y con muchos lujos inútiles, siempre bajo la amenaza del enemigo fuera de la puerta lo que le obligó a sacrificar muchos sueños, y a cambiar de escuela muchas veces para evitar que lo asesinaran por los enemigos de su padre.

Cuando El Sera cumple dos años, comienza una guerra entre su padre y el cártel de los Arellano Félix, que dominaban Tijuana. Fue tal, que fuera de la casa donde celebraban su fiesta, detonaron un coche bomba. Querían matarlo.

Cuando tenía nueve años matan a toda la familia de su madre en un hotel de Mazatlán, esto a manos de la gente de Arellano Félix.

Desde el 92 al inicio del siglo fueron días llenos de mucha sangre, una guerra sin sentido donde muchas familias fueron destruidas.

El destino de la familia de narcos no tiene diferente suerte, sea de donde sea, me pongo un poco al margen para hacer entender esto, por ejemplo, la familia Oseguera González, también estuvo marcada desde el nacimiento, en el año 86, Nemesio Oseguera Cervantes, El Mencho, uno de los capos más peligrosos de México vivía en San Francisco Estados Unidos, donde es arrestado por robo y tener un arma cargada. En una foto se puede ver al Mencho con 19 años, una sudadera de capucha y acné en el rostro. Dos meses después nace su primera hija, Jessica Johanna Oseguera.

Antes de eso, el líder actual del Cártel Jalisco Nueva Generación, se había graduado en la labor de proteger los cultivos de marihuana.

Los plantíos de que cuidaba el Mencho, eran de Manuel Salcido Uzeta, El Cochiloco, u líder del extinto cártel de Guadalajara.

Esa relación fue tan estrecha que comenzó un amorío con Rosalinda González operadora de la banda Los Cuinis.

Tres años después del nacimiento de la primogénita, Mencho va a San Francisco y lo arrestan de nuevo, por vender droga y luego es deportado a México.

Rubén Oseguera, de 29 años nace en San Francisco, tiene varios alias, entre ellos El Junios, El Rubencito, El Rojo y por el que más se le conoce El Menchito.

Dicho todo esto, se puede dejar claro que el Cártel de Sinaloa y las demás organizaciones tiene una serie de narcojunior que se montan, que son peligrosos y que es cuestión de tiempo para ser los más buscados y estar pudriéndose en la cárcel como el Chapo o muerto como deberían estar todos.

Aunque no es mi papel juzgar a nadie.

Lo que sí es claro es que México y Estados unidos ya tiene identificada a la nueva dinastía del narcotráfico, pero a diferencia de sus padres, a quienes se les endilga la sangre que ha corrido en el país, ellos ahora son menos violentos, por ahora, aunque tienen estudio, esto les ha dado un enfoque más diplomático que el que da los padres, que la única escuela que tuvieron fue la calle.

La mayoría se relaciona con las operaciones de blanqueo de dinero, especialmente de mujeres, porque estudiaron negocios internacionales, marketing, o administración de empresas.

Algunos se han registrado en el Departamento del Tesoro, de los Estados Unidos, como presuntos líderes de organizaciones criminales, y se les prohíbe hacer negocios con ellos.

De lo que vengo hablando de estos pequeños capos, tenemos a otros que alguna vez los vi por ahí, hijos de Rafael Caro Quintero, con una organización que lleva el apellido.

Rafael, Roxana Elizabeth, Henoch Emilio y Mario Yibrán de apellidos Caro Elenes y se registran desde hace 5 años, por el gobierno de los Estados Unidos, como parte de un grupo que sirven a organizaciones para blanquear dinero, lo hacen con estaciones de gasolina que tienen, marcas de productos de higiene personal y productos de belleza. También en marcas de zapatos, haciendas y spas.

Defensores y amigos de los Caro Elenes, aseguran que siempre han estado al margen de todo esto que hizo su padre y que tuvieron que luchar en instituciones educativas como la Universidad Autónoma de Guadalajara o el TEC de Monterrey para trabajar ese estigma de ser hijos de un capo.

Los hijos de Juan José Esparragoza, El Azul, líder del cártel de Sinaloa, también están metido en este negocio. Desde 2012 el gobierno de Estados Unidos, fichó a Brenda Guadalupe, Cristian Iván, Juan Ignacio y Nora Patricia, todos de apellidos Esparragoza Gastelum. Se señalan junto con su madre de ser dueños y socios de empresas como la de bienes raíces Grupo Cinjab, S.A. de C.V., y de Grupo Inpergoza, S.A. de C.V. a través de las cuales blanquearían dinero en los estados de Sinaloa y Jalisco.

Otros que están implicados son Juan José Esparragoza Monzón, jefe de escoltas de los hijos de Joaquín El Chapo.

Cristian Iván, nacido en la ciudad de Guadalajara, es detenido en 2014 y acusado por lavar dinero, luego fue liberado, aunque esto nadie lo sabe y para quienes lo desconocen, lo intuyen o creen que sigue enterrado. Los medios de comunicación simplemente callaron esto. Así de sencillo.

A Nora Patricia se le han concedido amparos para que le descongelen las cuentas bancarias y haga libre uso de sus recursos, luego de ser indiciada con lavado de dinero.

Dentro de estos narcos junio, tenemos al hijo de Mayo Zambada, que era amigo del Chino Ántrax, de quien hablaré pronto, ahora es el turno para el hijo de Zambada, quien por cierto se salvó dos veces de ser asesinado en sangrientos atentados.

Hablo del Sera, o El Flaco, como también le conocen. Es se te ha encargado de dominar parte de la organización criminal, que ahora lucha por mantenerse con el poder que le caracteriza.

Uno de los hermanos mayores de Serafín, Vicente Zambada Niebla, está preso en Estados Unidos, con 15 años encima por traficar. Este sí cayó, a diferencia de su padre que nunca ha pisado la cárcel.

El menor de la dinastía, nació y creció en el mundo de los cárteles, por eso, desde pequeño ha estado rodeado de sicarios que lo cuidan de los rivales de su padre y propios. Uno de sus amigos fue José Rodrigo Aréchiga Gamboa, El Chino Ántrax, quien fue asesinado en Culiacán.

Zambada Ortiz es detenido en el cruce fronterizo de Nogales, y fue condenado a 66 meses, tal como dije, aunque es liberado a los 58 meses de condena.

Las autoridades justificaron esa liberación alegando que era buena conducta, juventud e inexperiencia, así como su deseo de estudiar Agronomía cuando saliera de la cárcel. Además de las cartas que mandaba a su familia, pidiendo una segunda oportunidad porque quería echar adelante.

Aunque la verdad es que el hombre soltó información para poder salir antes, pero claro, decir esto es firmar la condena de muerte. Serafín tiene la nacionalidad gringa, y esto le afectó, lo que no le permitió ser deportado, como hubiera sido el deber ser para librarlo de esa cárcel.

Los dos sucesos sangrientos de lo que se salvó es los de los dos años y los nueve. Por esa época la madre de Serafín, Leticia Ortiz escribió que "Los mismos hombres que no hacía mucho apadrinaron a nuestros hijos en la iglesia y prometieron criarlos para ser buenos católicos (los Arellano Félix, en 1990), ahora intentaban matarlos".

Ella trató de cuidarlo, sabía que varios adolescentes habían sido asesinados en Tijuana, por el único motivo de que jugaban en el equipo de otro hijo de Mayo Zambada.

La madre intentó alejarlos de él y a su hermana Teresa del mundo de las drogas, mudándose a Estados Unidos, pero fueron llevados a Sinaloa cuando las visas vencieron. Ahí, mientras estudiaba Agronomía, entró al negocio de las drogas.

A los veinte se casa con Karime Torres Acosta, hija de hija de Manuel Torres Félix 'El Ondeado' y 'El M1', uno de los sicarios más fieles de 'El Chapo' Guzmán, quien es asesinado en 2012, en un enfrentamiento con el ejército, la pareja tuvo un par de hijos.

Por entonces ya escalaba posiciones y estaba a cargo de una célula que traficaba droga a San Diego, por un lado, era el que mandaba a mujeres con droga en la vagina y también el que la metía en las puyas.

Claro, también tenía su vida llena de muchos lujos, autos exóticos, armas chapadas en oro, fiestas inmensas, tigres, ropa de diseñador. Es que este es un amante de las armas y las mujeres bellas. Es un aliado fuel de los hijos del Chapo, Iván y Alfredo.

Capítulo 2: Un poco sobre Zambada

Ahora que hablamos de los hijos de los narcos, quiero detenerme un momento a narrar a Mayo, a quien tuve la (mala) suerte de conocerlo una vez, cuando estábamos en una de las residencias. Este hombre fue una perla por donde se mire, tuvo muchas parejas, más de seis mujeres a la vez, más de 10 hijos y hoy tiene más de 15 nietos.

Es un hombre que en fotos se puede ver pequeño, pero la verdad es que mide 1.80 de estatura, es el único que nunca ha pisado la cárcel en los cabecillas del cártel. Ismael El Mayo Zambada, tiene algo que comparte con todos los demás narcos: el buen gusto por las mujeres.

Tiene esposa y seis mujeres aparte, y por mucho tiempo convivió con ellas a la vez, iba un día a casa de cada una o pasaba un tiempo con una o con otra.

Dijo una vez ""Tengo a mi esposa, cinco mujeres, quince nietos y un bisnieto. Ellas, las seis, están aquí, en los ranchos, hijas del monte, como yo. El monte es mi casa, mi familia, mi protección, mi tierra, el agua que bebo. La tierra siempre es buena, el cielo no",

La verdad es que ha reconocido a diez hijos, pero asegura tener más, pero esos no valen, los que valen son los que llevan su apellido.

Su primera esposa fue Rosario Niebla, quien falleció hace un tiempo, se conocieron cuando eran adolescentes, en la sindicatura de Costa Rica en Sinaloa, cuando el tráfico de drogas no pasaba por sus mentes. El Mayo se robó a la mujer, él tenía 17 años y ella 19 por entonces.

Se escaparon y se casaron por la iglesia, porque primero Dios y luego lo demás, después fueron al civil. Tuvieron 5 hijos, cuatro mujeres y un varón: María Teresa, Miriam, Mónica, Modesta y Vicente, quien está preso en Estados Unidos.

Cuando ingresa a las filas del crimen, la mujer se convierte en empresaria, y el gobierno de Estados Unidos la ficha como parte de la organización que lava dinero en la zona de Culiacán.

Entre las empresas vinculadas con Rosario Niebla, están Lechería santa Mónica, Establo Puerto Rico, Jamaro Construcciones, Multiservicio Jeviz, Gasolinera Rosario y una guardería llamada Estancia Infantil Niño Feliz, de la que es propietaria junto con su hija María Teresa.

Otra mujer con la que tuvo hijos Zambada, fue Margarita Imperial, con quien por lo menos tuvo otros tres hijos, el más famoso es Ismael Zambada, el Mayito Gordo, conocido por exhibir en redes sociales sus muchos lujos y ser extraditado a Estados Unidos.

El Mayo, a pesar de seguir casa por el civil y con Dios con su primera mujer, a finales de los ochenta se mete con otra mujer, Leticia Ortiz Hernández, que luego sería su segunda esposa por lo legal.

Con Ortiz Hernández tiene a Serafín Zambada, hijo que ya nombré. De ese matrimonio también sale Teresa.

La psicóloga de profesión Leticia Ortiz intentó mantener a sus hijos lejos del negocio, porque recordemos que cuando Serafín tenía nueve le matan a toda la familia de su madre, esto horas después de que él y su madre salieran de un hotel en Mazatlán para tratar un brote de varicela. Un escuadrón de asesinos entró a la habitación y mataron abuelos, tíos y tías.

La mujer se va a Estados Unidos luego de esto. Pero luego sucede lo que ya conté.

De Norma Sicairos sale Ismael Zambada El Mayito Flaco, quien es el heredero natural del cártel y por lo menos a otro hijo, pero de ese no se sabe la identidad. Sandra Ávila Beltrán es otra de las mujeres de Zambada, esta es la llamada Reina del Pacifico, una narco ya retirada que en su juventud fue nexo entre cárteles mexicanos con los colombianos.

Hay un libro de Arturo Pérez Reverte llamado La Reina del sur, donde se han inspirado un par de narcoseries y es la vida de Ávila Beltrán, quien desde joven estuvo relacionado con los cabecillas más importantes del crimen organizado.

El poder de El Mayo es grande, por ejemplo, Felipe Calderón tenía complicidad con el cártel. Hay un hombre, Genaro García Luna, cuando era potente. El Secretario de Estado más poderoso.

Todo pasa por El Mayo, no por El Chapo, Mayo decide el que muere y el que vive, pero cómo se inicia este hombre en toda la jugada del narco y el crimen. Este es un mito para muchos, aunque compartiré lo que yo sé a continuación.

Quien lo mete en este negocio es Antonio Cruz, un cubano, este hombre ni siquiera está en el radar de nadie, él se casa con la hermana de El Mayo. Era un narco de heroína muy importante que primero fue policía cubano en el régimen de Fidel Castro, lego emigra a Miami, e intenta ser un narco en Estados Unidos. Es detenido, pero luego emigra a México, conoce a la hermana de Zambada cuando está en la pobreza total. Cuando El Mayo, tenía que lavar llantas de camiones que entraban al ingenio azucarero que estaba en Culiacán. No tenía cómo mantener a la familia, es ahí que llega este cubano y les cambia la vida.

Esto se remonta a los setenta, cuando el cuñado, Antonio Cruz, era un narco importante en Los Ángeles, que traficaba en Las Vegas y otras ciudades, sin embargo, lo detienen en 1977 y es ahí cuando por primera vez el apellido Zambada sale en un expediente criminal de Estados Unidos.

Luego El Mayo se cambia a Tijuana, y queda un largo tiempo viajando entre los dos lugares. Se asocia con los hermanos Arellano Félix, comienza una guerra le dan la espalda y atentan contra la vida de su hijo en el 91, allí El Mayo pasa el imperio a Culiacán.

El socio de él, El señor de los cielos, tenía que consultarle algunas cosas a El Mayo, Amado le rendía explicaciones a él, imaginen, este hombre con ese currículo, tenía que rendirse ante el otro.

Amado amenazó a los hermanos Arellano Félix, para decirles que no lo apoyaría contra esa guerra que le iban a declarar a Mayo. Que Mayo estaba por encima de todos.

Cuando El Señor de los Cielos muere en esa cirugía de liposucción, es cuando más se nota todo esto, el hermano Vicente Carrillo le llama todo el tiempo padrino a Mayo, rige instrucciones sobre Vicente Carrillo Fuentes. Instrucciones sobre el propio Chapo, él no era autónomo, debía decidir acorde a lo que decía El Mayo.

Es que el nivel cultural que tiene el Chapo, la personalidad tan rudimentaria, es absurdo pensar que una organización tan grande como el cártel de Sinaloa pueda ser liderada por un hombre tan rudimentario como él, lo más loco de todo es que hasta las autoridades lo dijeron.

El poder político era el que protegía a El Chapo, lo que lo hacía tener ese poder. Realmente este hombre no es un gran narco o no era un gran narco, siempre lo he visto como alguien pequeño, con pocas capacidades en comparación a todos eso que le achacan.

Sus hijos

Aunque a la opinión pública El Mayo diga que extraña a sus hijos, lo que dicen algunos es totalmente distinto. Por ejemplo, Vicente es traidor, relata que agentes especiales le obligaron a que le marcara a su padre por teléfono para ofrecer que le entregara a cambio la libertad de su hijo. Pero la respuesta fue negativa, y años después sigue preso.

La detención de Vicente fue polémica porque portaba una apariencia de lo más elegante, las mujeres estaban locas viendo al hombre, joven, varonil, con saco de terciopelo negro, Armani con la cabeza en alto. El hombre estudiado en escuelas del extranjero, con responsabilidad. La información que dio Vicente ayudó en gran parte a ponerle los ganchos al Chapo, aunque también se dice, y esto de la boca del propio Barack Obama, ya Vicente era delator a la DEA y era informante de muchos movimientos, esto le valió ser testigo protegido y evitar la perpetua. Es más, durante el juicio al Chapo, este fue uno de los testigos presentados.

Los datos que reveló fueron clave para que supieran los movimientos tácticos del Chapo y la escolta. Zambada Niebla dio una lista con nombres de cercanos al Chapo, para que se les pudiera interceptar sus móviles y otros medios de comunicación. Con esto compartieron con el gobierno de México, que luego ayudó a que lo atraparan. Incluso se dice que da información para atrapar a su padre. El gobierno ofrece cinco millones de dólares para la cabeza de El Mayo.

Otro de los hijos es Ismael Zambada Imperial El Mayito Gordo. Preso en Estado Unidos por conspiración y meter drogas al país. Era famoso por sus fiestas donde los lujos sobraban, y vivía rodeado de lo mejor.

A inicios de 2019 pide que le cambien de la Penal Federal de Puente Grande en Jalisco, a un reclusorio en la Ciudad de México. Este hombre operaba en más de diez países, contaba con sistemas encriptados de comunicación muy sofisticados, así se comunicaba con miembros del cártel de Sinaloa.

Obtuvo armas de manera ilegal, corrompió funcionarios, utilizó la violencia para amedrentar a la policía, narcos rivales y miembros de su organización.

Este utilizaba distintos medios para mover la droga, camiones, tractores, aviones, submarinos, lanchas trenes y remolques.

Serafín es otro de los hijos de los cuales el nombre siempre resuena.

Este es otro de los hijos de quienes se duda si entregó información para salir antes de tiempo de la cárcel.

Como todas las familias, siempre hay pequeños roces, la del jefe del cártel no es la excepción. Pues algunos han delatado, otros han hablado de más.

Las tiradoras, otro de los negocios del cártel

Estas son mujeres que operan en hoteles, bares exclusivos, calles y fuera de las escuelas. Estas mujeres tienen ventajas por su género, no levantan tantas sospechas, y pueden entrar más fácil a lugares donde a los hombres les resulta más complicado.

Se trata de las tiradoras, mujeres que se dedican a venderle droga en pequeñas cantidades a escuelas y distintas personas, miembros de células y cárteles como el de Sinaloa.

Dentro de esta serie de tiradoras esta Leticia Rodríguez Lara, Doña Lety o La 40, líder de un cártel, el de Cancún, quien hacía actividades ilícitas en los distintos municipios de la Riviera Maya. Fue capturada hace pocos años.

En el lenguaje de los narcos, la palabra tirador se utiliza para los narcomenudistas y así no identificarlos por el nombre. Ahora las mujeres además de hacer de sicarios, también lo son en este negocio.

Las cifras de mujeres que se meten a este negocio crecen cada año a un ritmo que da miedo, pero esto se da por la crisis económica que hay y que no tienen recursos.

Esto también es producto de que las mujeres han sufrido un impacto por la guerra contra el narcotráfico, que se da desde el 2006, pero va a paso de tortuga. Hay mujeres que crecen donde el tráfico de drogas es muy normal, entonces entran como si entraran a trabajar en un almacén de medias, solo que a vender droga al detal.

Lo que más venden es cristal, que es la droga del os podres. Han atrapado mujeres en muchos lugares, como Baja California, Sonora, Guanajuato, Jalisco, Sinaloa y Aguascalientes, de este último es conocida La Poke o su nombre real, Ana Patricia N. quien es una de las mujeres más importantes del negocio.

Ella fue detenida en 2019 en el Pabellón de Arteaga, era ya objetivo prioridad porque le tenían el gancho puesto desde hacía mucho.

Cuando ve la presencia de patrullas intenta darse a la fuga, pero la atrapan y la revisan, donde le consiguen un buen cargamento de cristal en pequeños paquetes.

En cuanto a la edad de estas mujeres es variado, pero llega a unos 46 años. lo que más venden es cristal, aunque muchas veces la entregan en envoltorio de papel.

Algo que tienen ellas es que son innovadoras, por ejemplo, hace unos meses atraparon a unas mujeres que fueron denunciadas de andar vendiendo droga, pero al revisarlas no le encontraron nada, salvo unos globos, más de 100, cuando revisaron se dieron cuenta que la droga estaba dentro de los globos.

Capítulo 3: Los Antrax

José Rodrigo Aréchiga o como le conocen El Chino Ántrax fue encontrado muerto hace poco tiempo en una camioneta de lujo en Culiacán, Sinaloa este era líder de un grupo consolidado como el brazo armado del cártel Los Ántrax.

En el 2008 creó el grupo, a raíz de la separación de los Sinaloa con el Cártel de los Beltrán Leyva. Y tomaron el nombre a propósito del mortal virus.

Además de Aréchiga Gamboa, la agrupación de sicarios fue dirigida por los narcos Jesús Peña, alias El 20 y René Velázquez Valenzuela, alias 'El Sargento Phoenix', responsables de una cantidad grande de asesinatos, y dar seguridad a El Mayo Zambada.

Esta banda opero principalmente en la capital sinaloense Culiacán, y han dado muchos ataques y asesinatos, especialmente por orden de El Mayo. De ahí que esta organización fuera tan famosa y de gran peso.

Se distinguían por llevar un anillo de calavera sobre brillantes, con lo cual demostraban liderazgo, muerte y poder. Además, en sus redes sociales ostentaban todas las características de unos criminales de poder.

En la década que terminó hace poco, ellos fueron protagonistas de muchos hechos violentos, como lo son:

El tiroteo el primero de julio de 2010, entre integrantes del cártel de Sinaloa, con Los Ántrax como apoyo y el Cártel de Beltrán Leyva, con el apoyo de Los Zetas, este hecho dejó al menos 30 muertos en Sonora, específicamente en la ciudad de Tubutama.

Un año después en mayo de 2011, Los Ántrax se enfrentaron con militares, donde mueren tres integrantes de la banda. Los hechos se dan en un patrullaje en la zona sur de Culiacán donde fueron liberadas tres personas secuestradas por los criminales.

El noviembre del mismo año, un comando armado irrumpe un partido de fútbol en Culiacán y mata a Francisco Arce Rubio, otro de los cabecillas de Los Ántrax, Arce Rubio es asesinado por miembros rivales conocidos como Los Mazatlecos, quienes eran parte del cártel de los Beltrán Leyva. Otro evento culpa de la guerra de los cárteles.

Luego de esto Zambada le pide al Chino Ántrax que se retire de las rondas diarias, esto como medida de protección.

Para el 30 de diciembre de 2013, el Chino Ántrax, es detenido en el aeropuerto de Schiphol en Ámsterdam, Países Bajos, lo pedía Estados Unidos.

Poco después otros cabecillas caen el 20 de febrero de 2014, las autoridades de México arrestan a Jesús Peña, El 20, en Culiacán, mientras que el 23 de mayo, Melesio Beltrán Medina, El Mele, es asesinado en Sinaloa.

Con este panorama, la líder que venía era Claudia Ochoa Félix, quien fue pareja del Chino Ántrax, se le conoce como la Emperatriz de los Ántrax.

Aunque ella lo negó, sí fue parte de la organización y la vida se la llevó en 2019 a raíz de una sobredosis que se metió.

El Chino Ántrax, luego de ser arrestado y salir, estaba burlando la ley, aunque su cuerpo apareció en una camioneta BMW X5, en Culiacán, donde también aparecen los restos de su hermana y cuñado.

Rodrigo Aréchiga estaba en Guadalupe Victoria, al oriente de la ciudad, allí un grupo armado irrumpió a balazos y se lo llevó. Más adelante contaré la razón de su muerte, pero la verdad es que muere por sospecha de ser un delator a la justicia de Estados Unidos.

El Chino Ántrax nace el 15 de junio de 1983, en Culiacán, antes de entrar a trabajar en el cártel, era líder de pandillas en la capital, también tenía un puesto de tacos.

Era una persona fría, calculadora, esto le valió el respeto de los líderes del cártel para reclutarlo y entrenarlo. Se hace guardaespaldas de Vicente Zambada, su apodo nace de un dicho del mismo criminal, quien, al describirse para el cártel, dijo que sí mismo que era como el virus del ántrax. Que una vez se entra contacto con la bacteria, estás prácticamente muerto.

Luego que apresan a Vicente, El Chino Ántrax se convierte en jefe de plaza de Culiacán.

Cuando los cárteles se separan en 2008, Aréchiga Gamboa pasa a formar Los Ántrax. En 2013 le piden que evite a toda costa la entrada de

Los Zetas a Sinaloa. Cuando El Chino se consolida como miembro superior del cártel, las funciones comenzaron a meterlo más en el funcionamiento de la organización hasta ser encargado de logística y transportación del mismo Chapo.

José Aréchiga no tenía pudor en mostrar el poder que tenía, en sus cuentas de redes sociales mostraba sus viajes alrededor del mundo, sus ropas caras y todos los lujos que fanfarroneaba.

Algo que no conté páginas arriba, cuando atrapan a Aréchiga, este se declara culpable, dice que sí, que era miembro de alto nivel del cártel de Sinaloa, y que coordinó el transporte de toneladas de cocaína y marihuana en la Unión Americana. Participó en muchos hechos violentos y otros delitos más.

El dinero lubricó algunas trabas y se negoció para que purgara arresto domiciliario y no alejarse más de 500 metros de casa, y en caso de hacerlo avisar a los supervisores. Se accedió por buen comportamiento y por dar información.

El 12 de diciembre de 2019 le otorgan libertad, y le asignaron un domicilio en San Diego, para concluir la sentencia. Sale en marzo, luego de 87 meses de cárcel. Pero diez días después andaba haciendo de las suyas y el sábado lo consiguen muerto. Todo por delatar, esa fue su condena.

Los cuerpos de los que estaban en la camioneta, estaban amarrados, envueltos en cobijas, y con disparos.

La hermana respondía al nombre de Ada Jimena Aréchiga y su cuando era Juan García, hermano del diputado Ocadio García, muerto de un infarto en 2019.

El exterior de la casa donde estaba El Chino Ántrax tiene decenas de orificios causados por los disparos de armas de alto cilindraje, la puerta de la cochera quedó destruida, los asesinos del cártel entraron a la fuerza, sin piedad y acabaron con todo.

Quien traiciona a los Zambada muere y mientras escribo esto, siento que se me revuelve el estómago, literalmente se me ha revuelto, porque pienso que un día pueden aparecer, tumbar esa puerta gris que tiene mi residencia temporal ahora y acribillarme. Al menos espero sea una muerte rápida.

Aunque yo estoy supremamente escondido, mientras El Chino Ántrax dio una fiesta por todo lo alto, la publicó en las redes y salen hasta disparos al aire donde celebran que el hombre haya vuelto. Llamó demasiado la atención.

Lo que se dice, y eso sí no lo sé es que El Chino Ántrax tenía un GPS en su cuerpo, para ubicar los escondites del cártel de Sinaloa.

Esto tiene su lógica, porque esa condena ridícula que recibió es nada para todo lo que cometió y admitió este hombre. Además, esa salida tan fácil de la cárcel, no era otra cosa más que se puso de bocón y le costó la vida.

Ya ahora solo queda una cifra más y yo no lamento esa muerte, es un asesino y lo mató otro asesino. Incluso es el responsable de la muerte de Rafael Arellano Félix, la forma en la que lo mató fue hasta graciosa, entró vestido de payaso a una fiesta infantil en Los Cabos Baja California y tiroteó al hombre.

Una vida breve pero intensa, se llevó en su haber haberse acostado con Paris Hilton, con quien fue vista en una pelea de boxeo donde estaba Pacquiao, aunque la duda a la opinión pública quedó para siempre, en el cártel es uno de los trofeos que le endilgaron al hombre, que había llevado a la cama a Paris Hilton.

Aunque esa no fue la única mujer que marcó la vida del hombre. También está la modelo Ochoa Félix que muere en 2019 por la sobredosis, o Yuriana, la que paga con su vida esta relación.

Ella era su pareja y madre de su hijo, fue secuestrada en Culiacán el 6 de mayo de 2014, cuando salía del gimnasio.

Esto sucede cuatro meses después que detienen a El Chino Ántrax. Se la llevaron unos hombres en una camioneta, en el lugar solo quedó un zapato deportivo de color morado, de ella. la joven tenía 23 años, tenía nacionalidad estadounidense, y se dedicaba al modelaje, era el prototipo de mujeres que le encantaba a los narcotraficantes.

Lamentablemente es hallada un día después, asesinada, murió ahorcada. Estaba envuelta en sábanas blancas y atada con cables eléctricos, estaba en un terreno baldío atrás de una escuela preparatoria de la Universidad Autónoma de Sinaloa.

Unos testigos vieron que una camioneta blanca llegó y lanzó un bulto cual, si fuera basura, lejos estaban de imaginar que era el cuerpo de la modelo.

El modo en el que transportaba droga

Este hombre tenía creatividad para mover la droga, por ejemplo, tenía una fuente dentro de la compañía Bachoco, empresa dedicada a llevar productos como pollo, huevos y otros productos alimenticios.

Y al mejor estilo de Gustavo Fring, metía la droga en el pollo. Para lograrlo corrompió a una persona en la empresa y le daba la documentación necesaria para disfrazar la droga en el pollo congelado, esto con la finalidad de llevarla a la frontera. Cada tráiler podía llevar toneladas de marihuana.

Cuando era guardaespaldas de Vicentillo, habló con el padre de este para explicarle el método de cómo pasar la droga. Mayo y el Chapo compraron la marihuana e intentaron pasar la mercancía. Entonces con Bachoco, se podían mandar cuatro tráilers cada uno con dos toneladas de marihuana. Esta fue llevada a las oficinas de la compañía y fue escondida en refrigerantes.

El pollo iba a ser llevado de manera legal, no había tanto peligro, entonces se emprendió el plan. Fueron varias las toneladas que se llevaron de esta manera. Poco después la droga fue llevada en los aviones del rancho de los Cabrera Sarabia y llevada a la gente del Chino. Toda la droga se entregó con éxito.

No solo se llevaban la droga, también metían el dinero que se llevaba a Culiacán. La entrega de las toneladas era exitosa, pero todo se congeló porque Vicente fue detenido.

Raul Tacchuella

Capítulo 4: La rivalidad entre los Beltrán Leyva y el cártel de Sinaloa

Hace un tiempo muere en una cárcel de máxima seguridad Héctor Beltrán Leyva, El H, líder del cártel de los Beltrán Leyva, uno de los mayores criminales que peleó contra el cártel de Sinaloa.

El H fundó junto con sus hermanos el cártel, los hermanos son Alfredo, Arturo y Carlos. Llegó a ser uno de los más importantes en el mapa del narcotráfico en México, gracias al parentesco con sus primos lejanos con el Chapo con quien fue gran aliado.

El H y su hermano Arturo son señalados de iniciar al Chapo en el negocio del narcotráfico. De acuerdo con el perfil sobre el cártel, los hermanos Beltrán Leyva, comenzaron sus delitos en Sinaloa. Comenzaron colaborando en el sembradío de amapola, luego como sicarios y transportistas para Amado Carrillo Fuentes, el conocido Seños de los cielos, del Cártel de Juárez, que llegó a tener rutas para Colombia y Estados Unidos.

Los Beltrán Leyva eran sanguinarios y amaban el dinero, nacieron en el mismo sitio donde nació el Chapo, y hay evidencias de que en algún momento estuvieron juntos como sicarios para el cártel de Guadalajara. A través de los vínculos matrimoniales, los lazos entre el Chapo y los Beltrán Leyva se fueron haciendo mas estrechos, esta conexión fue clave cuando meten preso al Chapo en 1993. Los hermanos Beltrán Leyva ayudan a hermano de Guzmán, Arturo a mantenerse a flote con el negocio, y le mandaron mucho dinero al Chapo y lo ayudaron a escapar de la cárcel en 2001.

La muerte de Amado Carrillo en 1997, le había abierto camino a los hermanos, quienes eran en 2002 socios, El Mayo y El Azul forman lo que llaman La Federación o La Alianza de Sangre, ya que Alfredo Beltrán Leyva, se casa con una prima de El Chapo, El Azul, lo hace con la cuñada de este y a su vez El Chapo se casa con Emma Coronel, sobrina de otro de los socios Ignacio Coronel.

Gracias a las alianzas que tenía Esparragoza con el hijo de Carrillo

Fuentes, logran estableces alianzas con el Cártel de Juárez, que termina en 2004, cuando el hermano de El Señor de los Cielos, Rodolfo Fuentes, mata a dos sicarios del Chapo. Así se inicia la guerra entre los dos cárteles.

La alianza entre los cárteles de Sinaloa y el de Beltrán Leyva, se mantuvo hasta inicios de 2008, sobre la ruptura hay un par de versiones, la primera es por la gente al servicio de Ignacio Coronel que dejó fuera al negocio de las drogas a Arturo Beltrán Leyva, El Barbas, quien aseguró que había sido una traición.

La otra es que se les responsabilizó del asesinato de Édgar Guzmán López, uno de los hijos de El Chapo, esto el 9 de mayo de 2018, en el estacionamiento de un supermercado en Culiacán. Los hermanos acusan al Chapo de entregar a El Barbas quien es abatido por fuerzas federales en 2009. A partir de entonces se recrudece la batalla entre las organizaciones.

Con los años los Beltrán Leyva se hicieron con alianzas con otros grupos criminales de poder, como Los Zetas, el Cártel de Juárez, y el Cártel Jalisco Nueva Generación, esto para hacerle frente al de Sinaloa.

Esto ayudó a los hermanos a operar en Ciudad de México y otros 10 estados: Chiapas, Estado de México, Guerrero, Jalisco, Morelos, Nuevo León, Quintana Roo y Tamaulipas.

Sin embargo, han perdido terreno luego que los hermanos son asesinados o detenidos. El 30 de diciembre de 2009, elementos de la Policía Federal detienen a Carlos Beltrán Leyva, en octubre de 2014, es detenido El H, anteriormente el 21 de enero de 2008 es detenido Alfredo, y es extraditado a Estados Unidos, y en 2017 le meten la perpetua.

A partir de 2010 la organización se divide en pequeñas organizaciones que trabajan descentralizadas, aunque le rinden cuentas a El Mayo.

La historia de El Jaguar

Este es un sanguinario sicario que traicionó a los Beltrán Leyva para aliarse con el Cártel de Sinaloa.

El apodo tiene origen en el carácter sanguinario del hombre así en cómo planeaba y ejecutaba los secuestros y homicidios de integrantes de bandas opuestas a sus allegados.

Comenzó como todos, apenas a los veinte años, José Antonio Torres, se alió con grupos delictivos, aunque como narco independiente dedicándose al trasiego de drogas a tierra gringa. Fue tejiendo alianzas con cárteles como el de Juárez, liderado por Carrillo Fuentes.

Un par de años después El Jaguar tiene la suerte de ser reclutado por un operador del Cártel del Pacifico, quien estaba en poder de Mayo Zambada, sus primeros trabajos fue distribuir droga, en todo el estado de Chihuahua específicamente en Ciudad Juárez.

En esta ruta Torres conoce al comandante de la policía estatal a quien le pasaba una cuota, con el fin de lubricar los caminos de la droga que venía de Chihuahua, misma que pasaba a Ciudad Juárez y a Estados Unidos.

Sin embargo, esta situación con los cárteles se fue poniendo más tensa y comenzaron a diluirse la relación con el cruce de la droga de Juárez, hacia el país vecino, lo que hace que se rompan nexos y comienza la guerra entre el cártel de Juárez y el de Sinaloa.

Esto detonó que el Chapo, mande a matar a Rodolfo Carrillo Fuentes, hermano del heredero del Cártel de Juárez, tras la muerte de Amado Carrillo en el 97. En respuesta al a estrategia tomada por El Chapo, el hermano Arturo Guzmán Loera, es asesinado con siete balazos mientras estaba en una audiencia en la prisión de La Palma, un penal de máxima seguridad donde los internos se suicidaban.

El tráfico de drogas se complica para todo el que no pertenezca a la organización delictiva, lo que significa la pérdida de una zona clave de Joaquín Guzmán que no estaba dispuesto a ceder, y apostó por ella.

Los cárteles de Juárez y de los Beltrán Leiva, se unen para enfrentar al de Sinaloa, junto con Los Zetas, allí aparece El Jaguar, para hacerle frente a El Chapo y a El Mayo. Traicionando con esto a los Carrillo Fuentes.

Es básicamente por venganza que El Jaguar se une a Guzmán y Carrillo, con el objetivo de asegurar la plaza de Juárez para fundar el grupo delictivo Gente Nueva, que no era otra cosa que el brazo armado del Cártel del Pacífico al servicio del Chapo, la idea era buscar organizaciones criminales y alzar con esto el índice delictivo de Chihuahua.

José Antonio Torres es detenido el 3 de febrero de 212 en León, Guanajuato, donde había llegado por órdenes del cártel y donde esperaba hacer labores destinadas al narcotráfico.

Se le responsabiliza de varias actividades ilícitas, relacionadas con el crimen organizado, narcotráfico, venta y distribución, así como secuestro, narcotráfico, distribución y muchos homicidios de bandas enemigas.

Luego de ser detenido se le acusa de ser autor intelectual de una masacre en un centro de rehabilitación, El Aliviane en el 2009 en Ciudad Juárez.

Allí mueren 18 personas, también se le acusa de secuestras, descuartizar y dejar narcomensajes. A Torres se le incluyó en la misma acusación formal hecha por un jurado a El Chapo y El Mayo, durante 2012, en la que se incluyen a otras 21 personas responsables del cártel de Sinaloa.

Capítulo 5: Narcotumbas

En el panteón Jardines del Humaya se le conoce por tener cuerpos de políticos, empresarios, agricultores y gente de dinero. Pero también se le conoce por tener grandes y extravagantes construcciones para tener a personas del mundo del narcotráfico.

Por ejemplo, allí se encuentran restos de capos como Ignacio Nacho Coronel, Arturo Beltrán Leyva, familiares y sicarios que trabajaron para el Chapo y El Mayo, Rafael Caro Quintero o el güero Palma.

Las construcciones son extravagantes, con valor de hasta un millón de dólares, gracias a todos los lujos de los que goza. El valor depende de los acabados que tengan cada una de ellas, el diseño, los lujos y la construcción.

Hay narcotumbas de hasta tres pisos, que tienen terraza, luz, aire acondicionado, recámaras, televisión, sótano, sala, cocina, además de videovigilancia e internet. Algunas tumbas tienen vidrios blindados.

Todos estos lujos son para los familiares que visitan las tumbas, dentro, las tumbas son amplias, ostentosas, hechas de cantera, mármol y acabados finos, incluso algunas muy parecidas a una iglesia.

Algunas tumbas son incluso más grandes y con más lujos que una casa de zonas urbanas. Las cervezas, botellas de licor, fotos, sombreros, cigarros, mantas, santos, rosarios de oro, medallas y demás, adornan la cripta.

El cártel de Sinaloa es el propietario del mausoleo más caro, con un precio de 1,2 millones de dólares, la tumba tiene los restos de Arturo Guzmán Loera, alias El Pollo, hermano de Joaquín El Chapo Guzmán.

La otra tumba más cara es la de Arturo Beltrán Leyva, alias El Barbas, quien muere en 2009, en Morelos en un enfrentamiento con elementos de la Marina, el valor de esta es de 650 mil dólares.

Inés Calderón es un narco conocido que estuvo operando entre los setenta y ochenta, cuenta con una tumba de 550 mil dólares.

La tumba de Amado Carrillo Fuentes, El Señor de los Cielos, tiene capacidad para 50 personas, donde hacen servicios religiosos y su costo es de 490 mil dólares.

Muchos panteones de estos tienen arreglos florales cada semana y as tumbas están cuidadas.

Incluso El Mayo tiene su tumba allá, lista, esperándolo para cuando muera.

La contraparte, los narcos compran tumbas al mayor

Antes de ser detenido en Holanda, a finales de 2013, José Rodrigo Aréchiga, El Chino Ántrax había pactado en Jardines del Humaya, cuarenta lotes para garantizar que los pistoleros tuvieran un hueco donde descansar en caso de morir en la batalla.

Lo arrestan sin que concrete la compra, pero él es apenas uno de los muchos que compran terrenos en las tumbas cuando se acercan los días de combate, los líderes de las células del cártel de Sinaloa, anticipan la muerte de su gente y compran docenas de lotes para enterrarlos.

Los que estudian la narcocultura aseguran que lo hacen porque es la única forma o seguro para darle a la gente y porque saben que, cuando mueren sus familias no tendrán que preocuparse por un sepelio, algo imposible para muchos.

Por lo general los terrenos se venden en lotes de tres, los espacios de cada uno son de 1.10 por 2.24 metros, que es la medida exacta para un ataúd. Los precios van entre 30 y 50 mil pesos mexicanos.

Cuando los enterradores abren huecos para luego vender el cementerio, ya tiene como cien vendidos, casi todos al cártel de Sinaloa. Muchos duran años solos, nada más el hoyo, pero luego comienzan a llenarse y luego no entierran a nadie y después se llenan más, hasta que se acaban los cupos y compran más huecos.

Juan Carlos Ayala, investigador de la Universidad Autónoma de Sinaloa, explica que es a partir de 2008 cuando el cártel de los Beltrán Leyva se separa, que comienzan a comprar lotes por adelantado en espera que el enfrentamiento entre los dos deje una gran cantidad de muertos.

Muchas tumbas no tienen ni nombre, solo tienen una plancha de cemento, pero las que si tienen información son de jóvenes menores de 30 años y muertos desde el 2010.

Uno de los sicarios que descansa allí es Melesio Beltrán Medina "El

Mele", asesinado en 2014, que era uno de los brazos operativos del Ismael "El Mayo" Zambada.

Los sicarios son familia para el cártel. La muerte es lo único seguro, entonces el cártel les garantiza que el cuerpo no va a desaparecer o sin reconocer como pasa en las fosas clandestinas. Por eso, apenas mueren, lo primero que hacen es tratar de recuperar los cuerpos y meterlos en el hueco asignado.

Un ejemplo de esto es cuando perseguían con fuerza al Chapo y este envió una corona inmensa de flores a la tumba de Ricardo Adrián Arellano Noriega, alias El Perrillo, quien había sido su chofer, había sido asesinado a tiros por dos hombres.

Un arreglo de flores que contrastaba con la sencillez de la tumba. Este hombre tenía 25 años.

Claro, las tumbas contrastan con las inmensas tumbas que se hacen los narcos. Sus mausoleos de tres pisos, tal como conté páginas atrás.

Estos sicarios solo tienen una tumba de cemento, que, si se tienen los recursos por parte de la familia, le pueden poner una cruz o el nombre para adornarlo y recordarlo cada que le lleven flores. La mayoría tienen fotos y otros que descansan, sean en lonas de plástico, copias o imágenes pegadas.

Pero también, según los endémicos, aun en la muerte se deben respetar los rangos, por eso, nunca un sicario tendrá una tumba mejor o similar a la de sus jefes, así haya hecho una gran fortuna.

Ante la pregunta de si mejor no es cremarlos en vez de enterrarlos, si no eres mexicano, recuerda que, para nosotros, la muerte tiene mucha relación con el catolicismo y la resurrección.

Los jefes de cárteles se preocupan porque es parte de lo que les prometen a los nuevos ingresos. Te prometen no solo que velarán por ti, mientras vivas, sino que, al morir, también tendrás la tumba asegurada. Los cuerpos no se creman porque esperan la resurrección.

Este cementerio que era uno más se ha hecho famoso por sus construcciones. Con mausoleos extravagantes porque aquí reposan muchos cárteles.

Los Acme

A mí me buscan los Acme, claro, me busca todo el cártel de Sinaloa, pero Los Acme son los que tienen la orden directa de buscarme, cazarme y matarme.

A lo mejor se preguntan quién es esa gente, pues les explico para que comprendan:

Se conocen como Acme Corporation o simplemente como Los Acme, ahora son el brazo armado del cártel de Sinaloa y sale a la luz en 2014, justo después de que El Chino Ántrax fuera arrestado en Europa.

El Chino como bien recuerdan era el líder de Los Ántrax, pero una vez que lo arrestan pierde poder. Él ya era famoso por los métodos violentos que aplicaba para asesinar, su mentalidad fría, la forma en la que enfrentó a Los Zetas, era respetado.

Pero el tiempo acabó para él y la organización y se crea la escisión, que es Los Acme. Ellos irrumpen con la misma coerción para disputar plazas, cobrar deudas y amedrentar civiles y cárteles.

Sin embargo, las células o subgrupos de los grandes cárteles tienen nuevas actitudes que no tenían los predecesores. Lo que les hace más vulnerables a ser aprehendidos.

Con una tendencia de delincuencia organizada tipo Yakuza de Japón, la cual se centra en alianzas empresariales, la pax mafiosa como quien dice. Se ven empresarios del estilo de Vicentillo, tomando control en directorios amplios con redes horizontales.

Constantemente respecto al liderazgo de esta organización, que por cierto debe el nombre a los productos de la comiquita de los Looney Tunes. Quien se lleva el título de líder es David, pero no se sabe más, ni dónde vive, sitios que frecuenta, familia, amigos, etc. Esto hace que sea más difícil rastrearlo.

Lo que puedo decir ahora que estamos a estas alturas de la historia es que el grupo Acme, es quien asesinó a El Ántrax, sus dedos presionaron los gatillos y abandonaron los cuerpos. Un nuevo rey temporal se ha subido, hasta la próxima guerra.

Capítulo 6: AMLO y el cártel de Sinaloa

El Mayo Zambada es el mayor narcotraficante de la historia, más de 50 años operando y jamás ha sido atrapado. Tiene contratos con el gobierno de México que fueron firmado durante el mandado de Enrique Peña Nieto, pero siguen vigentes hoy y los paga Andrés Manuel López Obrador.

Son contratos multianuales y presentes. El dinero se paga a El Mayo. Pistas de aterrizaje que tiene en concesión, que se las dio la Secretaría de Comunicaciones y Transporte en el Sexenio pasado. Entonces ese poder del cártel de Sinaloa sigue presente hoy, esto en respuesta para quienes dicen que no es verdad. Allí están los beneficios, dinero limpio que llega a las arcas del cártel cada tanto.

Son contratos que tienen décadas, el gobierno y el cártel, trabajando junto, con empresas. El gobierno dice que la guerra es culpa del cártel, pero a la vez este cártel es apoyado por el gobierno con estos contratos millonarios, ha ayudado a sus secuaces. Aquí están metidos muchos, Vicente Fox, Felipe Calderón, Genaro García Luna y otros tantos más. Genaro García Luna utilizaba al ejército mexicano y a la extinta Policía Federal para proteger al cártel de Sinaloa. Hoy en día la policía es pagada por el cártel. Todo esto viniendo desde la mano de El Mayo.

Hay un imperio de empresas a nombre de testaferros del cártel. México es corrupto, sumamente corrupto. Imperios de empresas legales que aparecen directamente a nombre de las familias.

Aunque el gobierno de Estados Unidos les ha puesto el ojo a algunas de ellas, hay muchas otras que siguen trabajando limpiamente, sin nadie que les eche el guante. El gobierno de México dice estar investigando, pero con los antecedentes vaya a saber si es cierto. El gobierno de Estados Unidos también investiga algunas. Pero algo debemos tener claro, parte de nuestros impuestos llega a manos de El Mayo.

Cuando estaba operando el juicio contra el Chapo, esto era un show donde todos los noticieros hablaban de él como si fuera la gran perla. Pero este no era un elemento indispensable para el cártel. Se puede decir que es el jefe del cártel de Sinaloa, pero este hombre que muestran ingenioso y simpático en las series y libros, como ya dije arriba, no puede liderar un cártel que opera el 70% de la distribución del planeta. Esto es un mito, que lo digo yo, que soy periodista y he estado metido en la boca del lobo.

Tuvo poder, tuvo fuerza, lo respetan, claro que sí, pero la mente maestra es El Mayo.

Cuando extraditan al Chapo en 2016, si se ven los informes de la DEA estos dicen que el cártel de Sinaloa seguía con el mismo poder. El Capo encerrado en una cárcel de alta seguridad y el cártel poderoso.

Las palabras de AMLO

El presidente de México Andrés Manuel López Obrador, dice en una conferencia de prensa que las agencias de la CIA y la DEA, deberían ser llamadas a declarar en el proceso judicial que se lleva contra Genaro García Luna, secretario de Seguridad Publica durante el mandato de Felipe Calderón, Genaro está preso en Nueva York, acusado de narcotráfico.

"La CIA y la DEA también deberían de ser llamados a declarar, todos ellos, acuérdense de los operativos que se permitían para introducir armas a México, acuerdos entre gobiernos, pues fue en ese mismo tiempo, luego se demuestra que con esas mismas armas cometieron homicidios en el país", dijo el mandatario mexicano.

La Corte Federal del Distrito Este, en Brooklyn, Nueva York, reiteró su rechazo a dejar en libertad a García Luna. Ya en varias oportunidades se le ha negado este derecho al hombre.

Esto es en respuesta al recurso de apelación que interpuso el abogado de García Luna, contra el cártel de Sinaloa.

Al ser cuestionado sobre la negativa de Estados Unidos a la libertad bajo fianza de García Luna, acusado de delitos de narcotráfico en aquel país. Contestó que no tienen más datos que los públicos y que solo se involucren cuando el gobierno de EEUU le pide información y se le proporciona.

"Está siendo juzgado este señor. Hay que esperar el resultado. Sí es un asunto grave, yo diría que lo más grave es la hipocresía, que se haya llegado a esos extremos en donde el secretario de Seguridad Pública se vinculara con la delincuencia y que no se cuestione a ese gobierno, como si fuese una cosa menor", expresó.

AMLO considera que el acordar no tocar a una de las organizaciones criminales y arrasar otras es gravísimo y cuestiona hasta dónde ha llegado el dinero recibido por ello.

Habla también de los medios independientes, entre comillas, del pueblo, y habla de la gravedad del asunto, de las mentiras, a todo lo que pasa ahora.

Genaro García Luna está ajeno a todo, no le han permitido visitas, por la prohibición de estas.

Claro, mientras el presidente dice esto, por el otro lado le paga a El Mayo por los contratos millonarios. Hipocresía en todo su esplendor. Típico de este presidente por el que no voté.

Para resaltar esto que digo, vamos a un suceso que ocurrió hace un tiempo

El periódico Reforma publica hace un tiempo un audio donde le llama un hombre con acento norteño en nombre del cártel de Sinaloa y lo amenaza con volar las instalaciones de la redacción si no cambian la línea editorial contra el presidente AMLO.

Al principio este hombre se identifica como Diputado Federal de Lozoya, y advierte a la recepcionista que el diario está pasado de la raya, esto por una nota que publica sobre AMLO y la pandemia del 2020, titulada "Del no pasa nada… a la emergencia", esto a propósito del relajamiento del presidente al inicio y sus acciones posteriores.

También se habla del video que muestra cuando el presidente saluda a Consuelo Loera, la madre de El Chapo, durante una gira en Sinaloa. En esta ocasión el mandatario asegura que lo hizo por educación, ya que era una señora muy mayor.

"Un adulto mayor merece todo mi respeto, independientemente de quien sea su hijo", dijo, a la vez de que culpó a la oposición de hacer escándalo por esto.

El hombre que llama al periódico dice esto:

"Su empresa subió un video denigrando, vaya, casi burlándose del Presidente de la República. Por eso hacemos esta llamada, porque esto que están haciendo ya, ya, sobrepasó la línea. Todo el Cártel de Sinaloa está con Andrés Manuel López Obrador. Es en serio: ya están sobrepasando la línea".

Para luego agregar:

"Si no es así", advirtió, *"(nosotros) vamos a ir a leerle la cartilla. Dígale que no esté difamando al Presidente de la República, que no esté traicionando a la Patria,*

porque, si no, las oficinas de su pinche periódico, así dígaselo, se las vamos a volar".

"Nomás dígales lo que le dije: es la última vez que suben algo de él (López Obrador) ... Faltan pocos días. No vaya hacerla que explote el lugar. Créamelo, eh. Cuídese mucho", concluyó.

Cuando investigan, la llamada la hacen desde Mexicali, Baja California. En el 2012 son atacadas tres ediciones suburbanas de El Norte, en la zona metropolitana de Monterrey, fueron atacadas por el crimen organizado, en un periodo de 19 días. El más grave sucede cuando ingresan en las oficinas de Edición Sierra Madre un grupo armado, roció gasolina en la recepción y le prendió fuego.

AMLO se deslindó de esto y al contrario dijo que condenaba lo sucedido.

"Nosotros descalificamos cualquier acto violento, somos pacifistas, nadie será censurado (...) se garantizan libertades plenas, el derecho a disentir y condenamos cualquier amenaza que se haga hasta en nuestro nombre", refirió el mandatario.

"Ellos son los más genuinos representantes del pensamiento conservador en México y se oponen a la transformación porque quieren mantener el régimen de corrupción y privilegios", añadió al hablar sobre Reforma.

El Cártel de Sinaloa está catalogado por el gobierno de Estados Unidos como la organización más poderosa del mundo. Por eso se ufana de tener en su poder al Chapo Guzmán, ya que este es uno de los elementos más poderosos, según ellos del cártel.

Pero la lucha no termina con la captura de El Chapo, se sigue investigando a El Mayo, por ejemplo, pero este sigue amparado en el gobierno de la Cuarta Transformación, que ni se molesta en perseguirlo.

Ni hablar de El Azul, de quien nada se sabe, y se dice que está muerto, pero hasta el momento ni autoridades ni familia han confirmado esto, pero tampoco importa averiguarlo.

Del mismo modo, son perseguirlos los hijos del Chapo, Iván Archivaldo, Ovidio y Jesús Alfredo Guzmán. El tío de ellos Aureliano Guzmán, conocido en el medio como El Guano.

Seguramente para Estados Unidos no fue nada agradable ver a AMLO saludando a la madre del Chapo, menos que se quedara a comer con la familia criminal más repudiada dentro y fuera de México, a excepción de los que comen de ellos.

Pero de este presidente se espera cualquier cosa, inconsciente como él solo, sin tacto y menos sensibilidad política. La madre del Chapo le hace llegar una carta donde pide apoyo e intervención para que ella pueda visitar a su hijo.

¿Por qué el presidente se queda a comer con los narcos?

¿Por qué esa deferencia ante los miembros del cártel de Sinaloa?

¿Qué es lo que les debe AMLO a ellos?

Las críticas que hay contra el cártel de Sinaloa y él se ven con más claridad desde 2019, luego del llamado operativo fallido, implementado por los elementos castrenses para detener a Ovidio, luego de que el gobierno de Estados Unidos lanzó que era narcotraficante y lavaba activos.

En esa ocasión, el ejército del cártel de Sinaloa acordonó varias calles del centro de la ciudad de Culiacán, e impidió el paso de cientos de autos mientras se escuchaba la balacera. Cuando el ejército mexicano se vio superado en números de hombres y armas, el Secretario de Seguridad Pública, Alfonso Durazo Montaño, y los altos mandos de la Secretaría de la Defensa Nacional, tomaron la decisión de liberar a Ovidio, pero antes le consultaron al presidente y este que andaba de gira por Oaxaca, autorizó sin problemas.

El argumento para esto, es que así se impidieron muchas muertes. Luego de esto la orden de captura quedó pendiente, que se ejecutaría en su momento. El gobierno pudo capturar a Ovidio, incluso tuvo oportunidad en enero 2020, cuando está en la boda de su hermana, Lizete Guzmán, en Guadalajara, pero nada pasa.

El hombre estuvo allí, yo estuve allí, muchos narcos estuvieron allí, pero la policía no hizo nada, bueno sí, protegernos, estar pendientes y hasta algún policía de alto mando estuvo con un traje de firma dándole el beso y la bendición a los recién casados.

¿Qué es lo que trae AMLO con el cártel de Sinaloa? Más allá de una complicidad, es evidente que ese acercamiento llama la atención, especialmente porque en otros momentos se ha negado a recibir a activistas sociales que han querido hacerle peticiones en beneficio del país y que además son justas.

Por ejemplo, el poeta Javier Sicilia, quien con el señor Lebarón, encabezaron una marcha desde Morelos al zócalo de Ciudad de México, Sicilia le pedía al presidente que lo recibiera, para plantearle una rectificación en la estrategia de seguridad fallida, pero AMLO se negó a recibirlo y dijo que lo recibirían en la Secretaría de Gobernación "Yo no tengo tiempo para recibirlos" dijo el presidente de manera tajante.

Luego de ese saludo a la madre del Chapo, que no fue nada accidental o casualidad, las críticas le han llovido al presidente. Le recriminan por ejemplo que no ha tenido la misma deferencia con las familias que exigen justicias para hallar a sus familiares desaparecidos. López Obrador prefiere ayudar a la familia de un narco, y no a quienes sufren por las muertes que ha causado el cártel de Sinaloa con sus disparos imparables.

Muchas de las muertes que han convertido al país en un cementerio, son por culpa de este cártel que ahora me persigue a mí. Esto lo sabe el presidente, pero lo evade, como lo hace en todo lo que le conviene.

No sabemos la estrategia que vendrá ahora, pero ese acercamiento no le gusta a nadie. Se coló hace unos meses que el gobierno de la Cuarta Transformación, estaba negociando la pacificación del país con los grupos criminales. Por entonces iban muy avanzados y que los cárteles no querían más violencia.

Pero luego el presidente desmintió estas palabras, dijo que el gobierno no negocia con cárteles y agregó que el Estado mexicano tenía la responsabilidad de darle paz a todos.

Pero desde que se subió al poder no ha mostrado estrategias contra estos criminales, a pesar de que tiene a la Guardia Nacional como estructura policiaca y militar, pero son solo espectadores de la violencia, no han detenido a nadie importante y esto es mero humo, nada más.

La política de AMLO es el no uso de la violencia para enfrentar la violencia, a menudo dice que prefiere los abrazos y no los balazos, un osito cariñoso el güey. Será por eso que comió con los narcos y seguro los abrazó, en ver de mandarlos a balear.

Puede que López Obrador esté negociando la paz con algunos en el territorio, especialmente estos que tienen el control de Sinaloa, es una manera de desactivar la ola criminal que azota a gran parte del norte de México. El presidente puede que negocie con ellos para que le dejen gobernar sin violencia, no lo dice con palabras, pero sus actos lo dejan claro todo.

El presidente Trump dijo que lanzaba una estrategia con 22 países para frenar los cárteles de la droga, especialmente con México, donde estaban los más poderosos y peligrosos.

La idea es aumentar los efectivos militares estadounidenses para impedir que la droga llegue a Estados Unidos, porque de acuerdo con datos de la DEA, se considera que el crimen organizado aprovecha la crisis del 2020 para aumentar la producción y meterla más fácilmente en países poderosos como Estados Unidos.

Esta cruzada, según la DEA comienza cerca de Venezuela, donde el presidente Nicolás Maduro y otros más de sus lacayos ya son buscados por sus vínculos con el narcotráfico y lavado de dinero. Queda ver cómo actuará el Gobierno de la Cuarta Transformación ante la exigencia de Estados Unidos, contra el crimen.

¿Irá a comer con ellos para contarles?

Las políticas que manejan los gobiernos no se alinean, Trump y Obrador piensan distinto. Los discursos de AMLO son polémicos, dice por un lado que se tiene que garantizar la paz en todo el país, que no negocia con el crimen, pero por el otro se sienta en la mesa a comer con el cártel de Sinaloa.

A mí nunca me gustó este presidente, con esa voz irónica y esos actos que dejan mucho que desear, es de los que le venden el país a cualquiera con tal de acabar con el mundo.

Sin embargo, si el camino seguido es el de la negociación, los resultados no son tangibles. La violencia no prevalece, los cárteles siguen enfrentándose y los crímenes no paran a pesar de la cuarentena. Nadie los detiene, las palabras de AMLO están escritas en hielo.

El hundimiento de este gobierno parece crónico de una muerte anunciada, más cuando no apoya a las pequeñas y medianas empresas en crisis. No quiere apoyar a los empresarios, lo que puede llevar a un desequilibrio social y seguramente a una anarquía por los despidos que parecen venirse.

Esa menta cuadriculada que tiene este presidente, lo mezquino que es, el odio que muestra en el verbo pasivo agresivo y sus problemas emocionales claros, llevan al país al caos, al conflicto y seguramente a la tumba política, Dios quiera que sea así.

No se le puede echar la culpa a los conservadores de los desastres del país. El autor de todo esto es parte culpa de AMLO, pero el presidente finge que no se da cuenta. Para que pueda hacer eso, necesita humildad y eso al presidente le falta en demasía.

Raul Tacchuella

Capítulo 7: Los sobornos del Cártel de Sinaloa

Los sobornos y el cártel de Sinaloa son sinónimos. Políticos, policías, magistrados, gente de a pie, e incluso presidentes. El ex presidente Enrique Peña Nieto salió a relucir en muchos sitios con los sobornos y su nombre resonó fuertemente en el juicio contra el Chapo.

Es que este presidente recibió sobornos millonarios y también el anterior Felipe Calderón. Ese dinero lo entregó una mujer de nombre Comadre María y lo entregó en Ciudad de México.

Aunque también hay casos donde se rechazaron sobornos, como el que le dieron a un general de apellido Crespo, que rechazó 10 millones de dólares porque odiaba muchísimo al Chapo. Esto sucede cuando una empleada del cártel que tenía acceso a este general, que no es que fuera honesto, sino que no quiso recibirlo del cártel, pues el general tuvo contacto con la mujer en una agencia de modelajes donde el hombre veía a las chicas para las fiestas privadas que hacían.

Se le ofrecieron diez millones para que lo dejara en paz, pero el general no aceptó, fue tan grave esto que el Chapo se ensañó con el mensajero, como le dijo que no, el narco dijo que era mentira de la mujer y la mandó a matar.

Los sobornos a Vicente Fox

Por allá en el año 2001, el presidente Vicente Fox tenía poco más de un año de haber tomado posesión como mandatario cuando sucede un hecho que todo el que veía noticias por esa época recuerda, algo que marcó su presidencia. La fuga del Chapo de la cárcel catalogada como de máxima seguridad.

La escena fue al mejor estilo de una película gringa. Fue el 19 de enero de 2001, el narco, poco conocido por entonces, se esconde en un auto de lavandería de la prisión de Puente Grande, ubicado en el estado de Jalisco y con la ayuda de un empleado de la cárcel, así pasa seis controles de seguridad y queda libre.

Tras el escape, el Chapo, se convierte en una leyenda y a partir de ese momento es el delincuente más buscado, pasarían 13 años para que le volvieran a poner los ganchos, en 2014, pero nuevamente se vuelve a escapar, de El Altiplano, otra prisión de alta seguridad, esta vez por medio de un túnel. La captura final se da en 2016, en Culiacán, Sinaloa. Es extraditado y ahora tiene la cadena perpetua encima y está en una cárcel de máxima seguridad.

Pero la primera fuga del Chapo pone en entredicho la administración de Vicente Fox. De allí salen acusaciones contra el mandatario y contra el entonces titular de la Agencia Federal de Investigación, Genaro García Luna, acusado de corrupción y de recibir millones de dólares por parte del narcotráfico, donde también se implican los bolsillos personales del ex presidente.

Cuanto termina el mandato de Fox, este se refugia en su rancho de San Cristóbal, ubicado en Guanajuato y apenas sí salía. En 2014 se defiende de las acusaciones en su contra:

"Es de sonsos los que piensan eso. Es precisamente la falta de inteligencia de cómo se manejan los temas públicamente. Creo que es claro que es una tontería de quienes argumentan que fue el presidente Fox quien lo dejó salir o quien negoció su salida".

En noviembre de 2018, en un juicio contra El Chapo, en Estados Unidos, Jesús, El Rey Zambada, ex jefe de operaciones del cártel de Sinaloa y hermano de El Mayo, testifica bajo juramento y dice que en el gobierno Fox, él personalmente gastó 300 mil dólares sobornando militares y funcionarios mexicanos.

El Rey Zambada asegura que los sobornos eran para miembros estatales y federales, así como policía internacional, Interpol, etc.

Luego llega el turno para Alex Cifuentes, quien vincula a Vicente Fox, y otros ex presidentes por lo que se desatan varias reacciones donde niegan que hicieron algo.

Fox se lo dijo incluso a CNN, que nunca recibió este tipo de ofertas, que todo era difamación y que nunca se acercó a criminal alguno.

Además, dijo que la justicia de Estados Unidos, tenía que ser cuidadosa con esas declaraciones que podía dar un soplón como Cifuentes, pues era dudosa su verdad.

"Esta idea de pagarles a criminales para que suelten la sopa, para que tengan reducción de su tiempo en condena produce que el criminal diga mentiras y mentiras. Y entre más declaraciones escandalosas dé sobre dos ex presidentes, más reducción tendrán. Entonces no se les puede creer".

Luego sería el turno de Vicente Zambada, el Vicentillo, quien negó que el ex mandatario, originario de Guanajuato haya recibido sobornos por parte del Chapo. La prensa dijo que El Chapo, sobornó al presidente Fox y al directos del penal de Puente Grande, pero eso no fue verdad, dijo que el hijo de Mayo Zambada en el juicio contra el Chapo.

Pero en esto se contradice, especialmente con lo que dice la periodista Anabel Hernández, quien recibió los cuadernos que recibió de Vicentillo en la cárcel y que sirvieron para escribir muchos de los secretos del cártel.

Todo lo que este hombre dijo quedó plasmado en el libro El Traidor, escrito por ella que es experta en temas de narcotráfico. Allí el Vicentillo asegura que funcionarios de seguridad han recibido en muchos sexenios sobornos del cártel, incluyendo altos líderes muy cercanos a Fox.

Jesús El Rey, fue quien entregó tres millones al gobierno de Fox, por medio del titular de la Agencia Federal de Investigación Genaro García Luna, para que nombrara a Norberto Vigueras Beltrán como jefe regional de la AFI en Culiacán, ya comprado por el cártel.

El testimonio revela que incluso la Administración para el Control de Drogas de Estados Unidos, la DEA, sabía de las actividades de los líderes del cártel de Sinaloa y en algunos casos usaron la información para los propios criminales y atrapar a rivales, entre ellos a Francisco Arellano Félix y Arturo Beltrán Leyva.

Raul Tacchuella

Capítulo 8: La política de Honduras y el cártel de Sinaloa

Así como me he enterado de detalles sucedidos con el cártel y los varios mandatarios, hay otros que no se mientan tanto, pero también sucedieron, como la influencia del cártel de Sinaloa con la política de Honduras.

Los arrestos de dos narcos guatemaltecos ligados a Juan Antonio Tony, Hernández, revelaron nexos con políticos hondureños y el cártel.

Los arrestos de dos narcos guatemaltecos ligados a Tony Hernández, el hermano del presidente hondureño condenado por narcotráfico en Estados Unidos, revela los nexos.

Hace unos meses el Departamento de Justicia acusa a los primos Otto y Ronald Salguero y a otros de formar parte de la red de narcotráfico encabezada en Honduras y Guatemala por Tony Hernández, hermano del presidente hondureño Juan Orlando Hernández. Ambos están en una corte en Nueva York.

Según los fiscales que llevan el caso, los primos estuvieron presentes, el Chapo entregó un millón de dólares para financiar la campaña presidencial del hermano Juan Orlando.

Tras los cambios en el mapa a principios de la década, que estuvieron marcados por la fallida incursión de Los Zetas, diversos grupos locales han tenido contacto con el cártel, cuya operación estuvo vigente y saludable tanto en Guatemala como en la frontera de Honduras, según testimonios y documentos que hay contra Tony Hernández.

Claro, el presidente Juan Orlando Hernández ha negado todo esto. En 2011 el nombre de Otto Salguero aparece por primera vez en la prensa guatemalteca cuando 27 campesinos fueron asesinados en una de las propiedades en el departamento de Petén, en el corazón de una de las rutas que se discutían Los Zetas, el Cártel de Sinaloa y otros grupos. Esto sucede previo al reacomodo que tienen grupos guatemaltecos.

Luego que se cambian en el mapa del narcotráfico de Guatemala, a inicios de la década pasada, que estuvieron marcados por la fallida incursión de Los Zetas, diversos grupos locales han tenido contactos con el cártel de Sinaloa, cuya operación se mantuvo vigente y saludable tanto en Guatemala cono en Honduras.

Tony Hernández nace el 13 de junio de 1978, en la ciudad de Gracias, departamento de Lempira, Honduras, Juan Antonio Hernández Alvarado, quien tiene 16 hermanos, entre ellos el presidente hondureño, Juan Orlando Hernández. Hijo de Juan Hernández Villanueva y de Elvira Alvarado Castillo, siendo muy joven ingresó al Partido Nacional.

En las elecciones generales de 2013, es elegido como diputado suplente y luego ocupa la banca en lugar de Samuel Reyes, actual Ministro de Defensa.

Trabajó también en la Corte Suprema, donde copiaba escritos, los pasaba en limpio y escribía dictados. Fue jefe de la unidad de Implementación de Registros en el Instituto de la Propiedad hondureña, integró comisiones ordinarias legislativas como la del Desarrollo e Inclusión Social, que actualmente preside y es miembro de la Comisión de Legislación y Asuntos Constitucionales.

Tony Hernández queda bajo la lupa de las autoridades estadounidenses cuando el narcotraficante Devis Leonel Maradiaga declara que el hermano del presidente actúa en complicidad con Los Cachiros, organización criminal hondureña fundada a inicios de los noventa, en los departamentos de Colón y Olancho.

La verdad no quiero profundizar más en esto, para qué nombrar a personas que olvidarán en la siguiente página, lo que quiero dejar claro es que el cártel de Sinaloa sobornó al gobierno de Honduras y que sus tentáculos van más allá de las fronteras mexicanas y que por más que los presidentes hablen, es poco lo que puede suceder, a menos que se unan todos para acabarlos, como ha sucedido en otros países.

Capítulo 9: ¿Por qué los hijos del Chapo no atacan a El Mayo?

La verdad es por honor, porque a pesar de todo, entre El Mayo y los hijos del Chapo hay rivalidades, especialmente los cuatro chapitos. Esto se ha acentuado en 2019, cuando sentencian a cadena perpetua al narco, pero tiene raíces más grandes todavía. Todo a raíz de diferencias entre los jefes de sicarios: el Nini y el Ruso.

Las diferencias vienen desde 2012, cuando José Rodrigo Aréchiga, El Chino Ántrax, tuvo una discusión en un bar de Culiacán con Iván Guzmán, el hijo mayor del Chapo. La pelea fue simple, una tontería de la noche, pero todo se caldeó de tal manera que Iván le pidió a el Mayo que entregara a su hombre, no lo hizo, esto abrió una herida en el ego de los bandos.

El Mayo no tiene 50 años en esto de gratis, en 2016 da una cachetada con elegancia, cuando Iván Archivaldo, y su hermano Jesús Alfredo son secuestrados en Puerto Vallarta en el restaurante La Leche, mientras festejaban el cumpleaños del primero.

Nemesio Oseguera Cervantes, alias El Mencho, cabecilla del cártel Jalisco Nueva Generación, da la orden, ya que había advertido a los hijos del Chapo no acercarse al destino turístico en Jalisco, lo que constituye uno de los bastiones más grandes de la organización.

El secuestro calienta más las cosas, y la sangre se pone a correr con más fuerza. En las negociaciones para liberar a los hijos del Chapo, participan no solo Ismael, El Mayo Zambada, sino también Rafael Caro Quintero y hasta el gobierno federal.

Un factor que se puso sobre la mesa de negociaciones es la suerte del hijo de Oseguera, Rubén Oseguera, El Menchito, quien estaba preso en el penal federal número 13 de Oaxaca y la posibilidad de asesinarlo si no soltaban a los hijos del Chapo.

El Menchito, fue puesto bajo presión permanente hasta que los hijos del Chapo fueron liberados. Estas negociaciones fueron tensas porque en el lado del cártel de Sinaloa usaron a El Menchito como factor preponderante y advirtieron que lo los Guzmán no salían vivos, la respuesta sería ojo por ojo y diente por diente.

La Procuraduría negó esta versión. Luego de todo esto, las cosas volvieron a calentarse entre Mayo y los Chapitos, cuando sucede el Culiacanazo, en 2019. Donde se ve el poder de los chapitos en la calle, solucionando el problema con fuerza, dejando un saldo de ocho muertos, 16 heridos y la fuga de 51 reos.

También sicarios de los chapitos buscaban a un operador de Ismael Zambada, identificado como El Ruso, pero se negó a entregarlo, lo que aumentó las fricciones.

Hay un alto éxodo de gatilleros del lado de los chapitos, dejan Culiacán para cambiarse de bando o abandonar todo esto. Claro algunos han muerto por esto. Incluso los hermanos sospechan que la última caída del Chapo es por culpa de El Mayo, que lo entregó.

Capítulo 9: María Teresa, la hija de Mayo Zambada

Esta es una mujer poderosa que por más de diez años ha evadido la justicia. Hace años salió un comunicado donde el Departamento del Tesoro de Estados Unidos sancionaría a todos aquellos que hicieran negocios con una lista de personas acusadas de lavado de dinero de El Mayo.

En esa lista aparecía el nombre de María Teresa Zambada, quien junto con sus hermanas Midiam Patricia y Modesta, señalada por el gobierno gringo de lavar dinero producto de la venta de droga. Esto con empresas ubicadas en Sinaloa, como el Establo Puerto Rico, Jamaro Construcciones, Multiservicios Jeviz, Arte y Diseño de Culiacán; y en Autotransportes JYM.

De María Teresa la opinión pública conoce poco, mujer de cabello negro, con estereotipo al estilo de las mujeres buchonas relacionadas con el narcotráfico. Con las cirugías que usan para modificar sus rasgos y aumentar senos y caderas.

Esta mujer es hija de Rosario Niebla, los hermanos Midiam Patricia, Mónica del Rosario, Modesta y Vicente.

María Teresa también es propietaria de la estancia infantil El niño feliz, que recibía recursos públicos del instituto Mexicano del Seguro Social, antes de ser señalada como empresa de lavado de dinero

La mujer es señalada como una de las mujeres más hermosas del crimen organizado y aunque se dice mucho, las autoridades no han podido culparla de nada en concreto.

Actualmente la mujer tiene poco más de 50 años, en el registro aparece nacida el 17 de junio de 1969.

Raul Tacchuella

Capítulo 10: La historia de Los Venados

Cuando hablo de los alcances y lo que hace el cártel de Sinaloa no exagero, porque aquí nadie se salva, ni los pescadores. Ahora quiero contar otra parte de esta organización que se llama Los Venados.

En Baja California la barbarie se ha enterrado en la memoria colectiva, aunque ha estado renaciendo de nuevo, la guerra del cártel de Sinaloa por el control de territorios se deja ver, recuerda que ese terror no parará.

En este espacio, irrumpe la célula delictiva de Los Venados, desde el 2017, fue detectada por las fuerzas coordinadas de seguridad en Ensenada Baja California, principalmente en Isla de Cedros, Villas del Real, Punta Banda y Acapulco. Se dedican al tráfico de drogas, narcomenudeo, homicidios y comercio de planta endémica Siempre Viva. Que en Asia tiene un costo de unos 200 dólares por ejemplar.

En 2017 esta organización entra en un pleito territorial en Isla de Cedros, y deciden colgar mantas y desplegar cartulinas para exponer quienes son. Nombres como el de Arely Aguilar Salgado, apresado recientemente y el de sus jefes, los hermanos Villavicencio, salen a la luz con relación al nombre de El Mayo y el cártel de Sinaloa.

También salen los nombres de los opositores, como el de Jesús Manuel Castro Mendoza, El Querreque; Fredy Buelna, Orlando Marques, Mosco Acosta, entre otros. por entonces, las autoridades consideran que se trata de una pugna interna, pues los delincuentes estaban relacionados entre sí.

En 2019 las autoridades estatales tenían una idea clara de la integración de Los Venados, Germán Villavicencio Meza, César Villavicencio, El Venadito y Jesús Salvador Villavicencio, capturado el 23 de junio de 2020, son los líderes principales.

La violencia de estos hombres ya era leyenda por todo lo que habían hecho y había llegado a oídos del gobernador de Baja California, Jaime Bonilla, luego que se le vinculara con el asesinato de agentes estatales.

Por este homicidio de elementos del Ministerio Público de Ensenada, Hiram Rivera, perpetrado el pasado 28 de abril, es detenido Jesús Salvador Villavicencio Meza. De acuerdo con las autoridades Los Venados amenazaron por teléfono.

Antes de esta advertencia, Hiram Rivera tenía planeado hacer un cateo en Isla de Cedros, sitio donde es dominado por la célula criminal.

Junto con Villavicencio Meza es detenido Arely Jesús Salgado, a quien se le decomisa un arma corta, metanfetaminas y un auto con documentos falsos.

Cuando cae el Chapo, se levantan los grupos delictivos que luchan como perros por tener un pedazo del pastel, no solo con las rutas, sino con el dominio del Triángulo de oro y la supervivencia del cártel de Sinaloa.

Y hablando de Baja California, en este lugar se han dado una serie de asesinatos a policías y el cártel de Sinaloa también está inmiscuido en esto. La célula del cártel de Sinaloa es la responsable de los últimos asesinatos y atentados que han sufrido elementos de la Unidad de Narcomenudeo de la Fiscalía general de la Justicia del Estado.

En abril matan al ministerio público Hiram Rivera Lizárraga, el 15 de mayo intentan lo mismo con el coordinador de Ministerios Públicos Vicente Huerta, pero los descubren. Una semana después el 22 de mayo, le quitan la vida a Manuel Avendaño Rojas, agente de investigación de Ensenada.

Quienes son responsables de esto, son: Jesús Salvador Villavicencio Meza "El Venado" y/o "El Rayder", sus hermanos Germán y César Ulises y Leopoldo Lizárraga Ochoa "El Polo" o "El Pantera", todos operadores criminales del Cártel de Sinaloa en la célula de René Arzate García, están detrás de estas agresiones.

Los Villavicencio y Lizárraga, se han convertido en objetivos prioritarios de las autoridades. Todo comienza en Isla de Cedros como parte de los preparativos para las Jornadas de Paz del gobernador de Baja California, Jaime Bonilla Valdez.

Algunos miembros del Narcomenudeo son enviados a asegurar para que el mandatario pueda mostrar resultados en temas de seguridad. El personal solicita y ejecuta órdenes de cateo en las tienditas de droga de los hermanos Villavicencio Meza, pero los homicidas y traficantes no les parece que la autoridad se ejerza en su contra, avisan que matarán y quemarán agentes, familias y pertenencias.

Los agentes amenazados son extraídos, le dan vacaciones, pero vuelven a trabajar. Los cateos siguen, incluso luego que asesinan a Hiram Rivera, el 28 de abril. Lo que incomoda a los del cártel de Sinaloa, son las acciones judiciales en Isla de Cedros, Villas del Real, Punta Banda y Acapulco.

Desde ese momento no han parado las amenazas de muerte en los teléfonos de algunos agentes y en el Centro de Comando, Control, Comunicación y Computo.

Incluso, investigadores estatales de Ensenada aseguran que el C4 recibió una amenaza de muerte en su contra, pero no se hizo nada al respecto.

El coordinador de Homicidios y Narcomenudeo en el Estado, un tal Pelayo, se quedan con la información por alguna razón y no la bajan. Avendaño estaba asignado al narcomenudeo, pero desde 2017 había dejado de ser agente activo en investigaciones. Los últimos años había sido comisionado a la barandilla en el área de celda, donde recibía y procesaba las capturas de los compañeros.

Ser agente en México es un peligro, como lo es ser periodista o ser cualquier cosa, pero hacer algo en contra del cártel de Sinaloa.

Raul Tacchuella

Capítulo 11: Los Hermanos Arzate

La violencia en la tierra sinaloense no se detiene. Esto gracias a las células criminales que hay en todo el territorio. La de los Arzate es una de ellas y es clave en todo este proceso. Es dirigida por unos hermanos que controlan el tráfico de drogas en la frontera norte de Baja California, además se encargan de defender la plaza con asesinatos y secuestros en contra del cártel Jalisco Nueva Generación y el Cártel de Tijuana.

Tiene relevancia por el lugar en el que están colocados. Un paso clave con Estados Unidos y pasan marihuana y otras drogas por sus fronteras.

El líder es Alfonso Arzate García, El Aquiles, hermano mayor. Comenzó a los treinta años en este negocio, luego de trabajar más de una década en transporte. Esto a diferencia de su hermano y socio René Arzate, El Rana, quien comenzó en estas lides desde los 15 años. Alfonso entra en el negocio porque el salario que ganaba era bajo para poder vivir.

El primer contacto con el mundo del narcotráfico es por medio de su amigo Enrique Jorquera Guerrero, ex policía ministerial encargado de transportar drogas y orquestar muchos asesinatos.

Alfonso comienza a crecer porque nunca ha tenido problemas de plaza en el mundo de las drogas, traficaba con pequeñas cantidades y con constancia. Un día Teodoro García Simental, lugarteniente del cártel de Tijuana lo amenaza de muerte por los vínculos con Jorquera y sus secuaces.

Esto provocó que El Aquiles recurriera a su hermano menor, René Arzate, para enfrentar la advertencia. De esta manera se ganan el respeto de los compañeros en el cártel y comienzan a dirigir la célula criminal.

Para el 2012 las autoridades mexicanas giran una orden para apresar al líder de Los Arzate por homicidio, sin embargo, esto no se ha concretado a la fecha.

El FBI también los tiene fichados. Señalados de traficar metanfetamina, 1343 kilos de cocaína, casi 13 toneladas de marihuana, 53 kilos de heroína, 5500 pastillas de oxicodona y esto solo en lo que le han retenido, porque lo que ha pasado no le da ni por los pies.

La acusación está fechada en septiembre de 2013, donde se indica que Alfonso Arzate delinquía con sus cómplices Jesús Quiñonez, el Chiquillo ántrax, asesinado en 2014 y Rafael Guadalupe Núñez Félix, el Changuito Ántrax.

Actualmente, la célula criminal sigue dominando Baja California, aunque los hermanos viven en Sinaloa. Hace un tiempo el único golpe que dieron fue capturar a Marco Tulio Trujillo, El Marlon, quien operó en Tijuana y Rosarito por décadas.

Capítulo 12: Holanda y los laboratorios

Los cárteles de la droga se mueven cada vez más por los Países Bajos para producir la metanfetamina, aprovecha la facilidad que prestan estos lugares para poder meter las materias primas a través de los puertos holandeses. Esto ha aumentado el número de laboratorios clandestinos. Ya las autoridades no andan tanto en el tema de perseguir a narcos holandeses, marroquíes, y antillanos, luego que desaparecieran 200 kilos de cocaína del puerto de Amberes en Bélgica, un conflicto sangriento cobró en Ámsterdam decenas de vida en los últimos años.

El desmantelamiento de laboratorios es cada día mayor en estas tierras, todos de metanfetaminas, gestionados por cárteles que aprovechan que pueden meter las materias primas por los puertos y es un nuevo frente para el cártel de Sinaloa. Esto puede tornarse peligroso porque pueden aparecer las mafias de marihuana y cocaína en los Países Bajos.

Este es el Valhalla para los cárteles, porque los holandeses pueden trabajar con los mexicanos para aprender y además tener muchas facilidades para distribución. Además de es podrán cambiar el éxtasis por la metanfetamina en los laboratorios. Las detenciones llevan desde hace tiempo dándose, aunque inicialmente se creía que solo eran cosas puntuales, pero esto sigue en crecimiento y este ha sido ahora un puerto de tránsito para poner los laboratorios de droga.

En 2020 a inicios arrestan a tres ciudadanos mexicanos, colombianos y de Estados Unidos, en la provincia de Güeldres, donde los narcos habían manipulado y almacenado en un cobertizo una cantidad de droga por al menos diez millones de euros.

También se apresó hace un tiempo a cuatro años de prisión a unos mexicanos que tenían un laboratorio flotante, estos fueron a Holanda solo para producir la metanfetamina, de las más solicitadas en estos territorios.

Era un laboratorio grande, profesional, llevaba en marcha diez meses y podía fabricar droga a gran escala, aunque los detenidos no eran grandes jefes, tampoco eran subordinados, porque sabían lo que hacían. Este era un proceso químico muy peligroso.

El cártel de Sinaloa es uno de los que busca meterse a este terreno europeo, produciendo desde allá la droga, con laboratorios improvisados como hacen en México y con laboratorios instalados. Con ubicaciones comerciales atractivas, que sirvan para poder llegar al mercado europeo sin problema. Con buenas rutas de contrabando que es lo que busca el cártel.

Esta droga es bien lucrativa para los productores de éxtasis holandés, las ganancias pueden ser diez veces mayor, y es fácil para ellos porque tienen toda la maquinaria montada y con los canales de distribución listos, es solo cambiar el producto y ya está. Solo necesitaban la ultrasecreta receta del cártel de Sinaloa, esa que tanto gusta a los drogadictos y que no comparten con nadie.

El cártel de Sinaloa sabe muy bien responder a la oferta y la demanda, por eso es que no se le escapa ninguna droga y se expande por todos lados. Las drogas son muy bien recibidas en países como Estados Unidos y Australia, y por supuesto muchos países de Europa. El gramo costaba cien euros hace un tiempo, pero ha bajado a sesenta euros el gramo de meta, casi la mitad, pero la metanfetamina es puramente sintética por lo que se hace en cualquier lado y no hay que moverla por todo el mundo, aumentando los costos de producción.

Aquí no solo está metido el cártel de Sinaloa, sino también el cártel Jalisco Nueva Generación, que tienen actividades por su lado en los Países Bajos, blanquean dinero y crecen los laboratorios de metanfetamina.

Capítulo 13: El Chapo y su miedo a los perros

Suavizando un poco el tema de las drogas, ahora vamos a hablar de un hombre del que les he escrito varias veces, pero sin profundizar en él, esto es por una razón que explicaré más adelante. El Chapo, hombre que tiene muchos kilómetros de palabras y hasta series.

El Chapo les tiene miedo a los perros, pero a lo que le teme es a esos perros que entrenaron para detectar al Chapo, que siempre van acompañados de hombres. Cuando atrapan por última vez al Chapo es en Los Mochis, en Sinaloa, y lo meten en el Altiplano, de donde se había fugado en el túnel, ese famoso túnel que dio tanto de qué hablar. Kilómetro y medio de largo.

En las primeras cinco noches de apresado es cambiado de celda en siete ocasiones. Las autoridades revisaban cada rato cómo estaría y los perros olían, le decían los perros Huele Chapo, olían reforzaban los pisos con mallas de acero y cambiaban de celda al prisionero, para que no se pusiera a inventar.

El uso de estos perros desató uno de los miedos del narco, el temor a los canes. El Chapo cuando veía los perros se ponía nervioso y en ocasiones los ataques de ansiedad llegaban a la histeria, cuando los custodios pasaban con los perros, alertas, atentos de haber conseguido lo que buscaban, el olor y dueño, el Chapo Guzmán.

Según estudios que le hicieron a este hombre, era evidente que les tenía miedo a los perros, unos les tienen miedo a las alturas y otros les tienen miedo a los perros. Por eso se determinó usarlos para mantenerlo quieto en la celda.

La decisión era mantenerlo lejos para evitar ataques, pero cerca para que no se pusiera creativo a buscar cómo escapar.

Aunque el Chapo dijo con un tono valiente que esto del miedo a los perros no era más que otro de los inventos de las personas para construir el mito alrededor del capo, y que él solo reclamaba que callaran los perros porque ladraban toda la noche y no lo dejaban dormir, la verdad es que sí, le tiene miedo a los perros y esto es algo que viene desde la misma madre, que contó una vez que el miedo a los perros le viene de pequeño, cuando ella venía de hacer un rosario con una vecina, el Chapo, entonces un niño de siete años se acercó a saludar a un perro, le pareció amistoso, el perro estaba en la puerta de la casa de esa vecina y cuando fue a acariciarlo, de repente el animal ladró, peló los dientes y no le dio tiempo a reaccionar, buscó apresar y lo hizo con un mordisco preciso en la pantorrilla, dejándole un hueco sangrante y un gran dolor. La dueña del perro le dio unos golpes al animal, pero ya el mal estaba hecho. La herida sanó tres días después, el trauma quedó para siempre.

Pero el Chapo de hoy no admite eso, dice con sorna que el único miedo que tiene que es que le sirvan el perro en un plato y se lo coma sin enterarse, nada más.

Este es otro trauma, porque vio en Oriente que a los perros los usaban para comérselos, y la gente amaba comer carne de perro, incluso en países como Corea del Norte el perro es una sopa exquisita y de lujo que te puedes comer.

Al Chapo no le atrae tanto que le llamen Chapo, pero sí que le digan Joaquín, dice que le gusta la sonoridad de su nombre, le encantan las mujeres y le gusta hablar, eso sí, no se callaba. Su personalidad es algo que hace que la gente le respete, esto por influencia de su abuela y madre. Aunque salen a relucir los hijos que ya he nombrado aquí, el hombre tiene una gran cantidad de hijos, 23 si hace cuentas rápidas.

Es un hombre con rastros un poco psicopáticos y narcisistas, es una necesidad de que le admiren, de sentirse único y especial. Habla con orgullo de sus horarios de trabajo desde las cinco de la mañana hasta casi la medianoche, trabajando, atendiendo a los hombres para que cuiden cultivos. En fin, velando porque todo el negocio marche bien.

El Chapo está preso en la cárcel ADX Florence en Colorado, la más segura de Estados Unidos, una cadena perpetua encima, aunque no está vigilado por perros, sí pasa 23 horas en una celda pequeña y solo sale al patio una hora al día y dentro de una jaula.

Capítulo 14: Lo sangriento del cártel

El cártel es de los más sangriento, creo que ya eso lo he dejado claro. Un sicario promedio se puede ganar hasta 15 mil dólares por matar a otro. Aunque con el tiempo esto se ha devaluado, hay muchos sicarios, así está mi México querido.

Hoy en día cualquier persona puede meterse a sicario y lo hace. Lo hace sin cuidado, matan mujeres y niños.

Cuando estuve recabando información con el cártel de Sinaloa me encontré con algunos sicarios que conversaron sobre sus experiencias, por ejemplo, recuerdo a uno que empezó a los 17 años para probarse como matón. Por años operó en la frontera en Baja California, Sinaloa y Sonora, previo a que comenzara la guerra de cárteles. Fue a Juárez donde El Chapo envió a los hombres a pelear las rutas de trasiego para pasar droga a Estado Unidos.

Luego de veinte años de trabajo, decidió dejarlo, cambiar su vida, comentó que ahora su arma era la Biblia y que estaba arrepentido, pero que el pasado no lo dejaba dormir en paz.

"Muchas veces ves cómo quedan las personas, con sus cabezas desbaratadas a balazos. Quedan grabadas en la mente", dijo.

No es la primera vez que un sicario se arrepiente de todo lo malo que hizo y decide cambiar su vida, si no me creen, vayan a una iglesia evangélica, desde el pastor para abajo, todos tienen una cola de paja y lo dicen con orgullo "el yo de ayer dominado por el diablo mataba niños y violaba mujeres, hoy predico al señor, era el diablo que me tenía poseído".

Lo sangriento lo tienen todos los criminales sicarios, por ejemplo, Galdino Mellado Cruz, fue miembro fundador de Los Zetas, hoy está pudriéndose en una cárcel en Chiconautla, este entró al penal bajo el nombre de Juan Luis Vallejos de la Sancha, para mantenerse bajo perfil.

Este ha cometido muchos crímenes y dijo a un periodista amigo mío que en una ocasión obligo a un hermano matar a otro por traición en medio de una escena de sangre.

Desde ahí le narró al periodista Ricardo Raphael algunos de los pasajes más horrendos que vivió al interior de la organización, como la ocasión en que el capo Osiel Cárdenas Guillén obligó a un hermano matar a otro por traición, en medio de una orgía de sangre.

Un sicario se ganó el apodo de El Patrón o el Mata amigos, porque asesinó a Salvador Gómez Herrera en 1998, amigo suyo y entonces jefe del Cártel del Golfo. Con eso se ganó el apodo y la leyenda que le siguió por mucho tiempo.

Mellado contó cuando se topó con un sopló en las filas de Los Zetas, era Ciro Justo Hernández, quien se había cambiado el nombre y no había informado ser hermano de Oscar Guerrero.

Recuerda que Arturo Guzmán Decena, Jorge Eduardo Costilla "El Coss", Alejandro Lucio Morales Betancourt, Heriberto Lazcano "El Lazca", Jaime González Durán "El Hummer", Mateo Díaz López, Jesús Enrique Rejón, Óscar Guerrero Silva, Omar Lorméndez Pitalúa, Ciro Justo Hernández y Galdino Mellado Cruz; se encontraban en una reunión. Todos formados y jurando lealtad.

Entonces le piden a Justo que salga de la formación, Ciro había cambiado la identidad, el Coss acusa a Ciro de ser soplón, asegura que habló de más y que por su culpa la policía investigaba a la esposa de El Patrón y la DEA sabía cosas que no podía saber.

Uno dice Aquí el que la hace la paga, es la regla. Todos ustedes pagarán, si es que realmente quieren seguir aquí. Esto incluía a Oscar, era su decisión. El hombre tenía que decidir entre el hermano o el equipo. Se van entonces a una casa de seguridad que estaba a veinte minutos de donde se encontraban, cuando llegan ven que otro grupo de hombres le había propinado una buena golpiza a Ciro, le había hasta sacado algunos dientes, pero ahora era que venía lo peor para el hombre.

Oscar tenía que decidir, este ve que no hay vuelta atrás, decide quedarse del lado de El Patrón.

Un hombre llamado El Lazca se arrodilla ante el hombre, toma un martillo, mira a Ciro, este está temblando de miedo, sudando, con baba de sangre escurriendo desde su boca, tiene los pies después y con el martillo El Lazca comienza a masacrarle los dedos, rápidamente se convierten en fragmentos de carne reventada.

Luego viene un hombre al que le dicen El Hummer, le da una patada en el pecho al desgraciado, cae con todo y silla, lo levantan y sigue la fiesta. Ciro suplicaba para que su hermano lo ayudara, pero Oscar no intervino, los gritos rompían los tímpanos, pero esto enardeció a los salvajes que siguieron, disfrutando de la tortura. El Hummer sacó un cuchillo de sierra y le arrancó un pedazo de mejilla. Las órdenes era que sufriera, que pidiera morir.

Así fue, veinte hombres con la adrenalina a mil, comenzaron a desollarlo. El Hummer lo castró, Decena le puso un petardo en el miembro, para arrancarlo. Al final, Cárdenas Guillen le dio a Oscar un arma colt nueve milímetros para que terminara el trabajo, que le diera el tiro de gracia al trozo de carne sangrante que quedaba de su hermano.

Este cumplió, disparó. Al final todos se reunieron, y El Patrón abrazó a Oscar y le dijo que lamentaba su pérdida.

"Guerrero, hoy perdiste a un hermano, pero ganaste una familia, 20 hermanos y yo que desde ahora formamos parte de ti. Con esta traición nace una hermandad, y así durará. Piénsenlo como un ritual que nos une para siempre", dijo.

No es algo fácil la verdad, esta historia es una más de las muchas que se cuentan en este mundo, que hay que se viven. Es algo que yo temo cada día, que no entren los sicarios y me maten, lo que podría ser una muerte rápida, un shot de adrenalina, miró y lo último que hay es un hombre con un arma y todo negro. Lo que más miedo me da es que me lleven para jugar conmigo. Lo que hice merece eso y mucho más y entre líneas siempre voy pensando eso, cada que escucho un ruido fuerte detengo la escritura, levanto la mirada y espero. Temeroso de que esta vez sí sea.

No me he cambiado de residencia porque no tengo donde ir.

A estos sicarios les da una emoción esto, me lo contó el sicario retirado, dice que no es fácil describir las emociones que siente el meterse en una fiesta de esas, se siente miedo, pero no es algo desagradable, es adrenalina, se quiere ver más sangre, más golpes, más gritos. Quieres darle también. No es una excitación sexual, pero sí es algo muy parecido. Un placer primitivo del que nadie quiere hablar.

Hablando de sangre y muerte, les contaré algo que fue sangre por sangre, la historia de Macho Prieto, el que mató al hijo del Chapo.

Este hombre trabajó a las órdenes de Mayo Zambada y del mismo Chapo, llegó a ser de los mejores asesinos del cártel de Sinaloa.

Culiacán sabe que cuando hay balas lo mejor es hace cuarentena indefinida. La guerra no distingue de buenos y malos. Las balas son inclusivas.

El 8 de mayo de 2008 en un estacionamiento de un centro comercial un comando asesina a tres jóvenes, Arturo Meza Cázares, hijo de Blanca Margarita Cázares Salazar, alias la Emperatriz, la que había sido señalada por el gobierno gringo como cabeza de una red de lavado de dinero. César Ariel Loera Guzmán, y Édgar Guzmán López, de 22 años, este era el hijo del Chapo.

Los jóvenes fueron con la novia de uno de ellos a una tienda donde comprarían víveres y esperarían en el estacionamiento donde son sorprendidos por sicarios que abrieron fuego.

Esa noche se hicieron al menos 500 disparos de armas AK-47, así como una bazuca que impactó en el letrero que estaba en una pared, esto provocó pánico en todos los presentes.

Los jóvenes conversaban divertidos, como era normal en muchacho de esa edad, llegan cinco camionetas a toda velocidad, ellos se asustan, se bajan al menos veinte hombres con chalecos y armas largas. El pánico se desata, se escucha un fuerte estallido y muchas balas. Aparece el fuego en un letrero en la pared superior del centro comercial, todo sucede muy rápido. Esto fue mandado desde el cártel de los Beltrán Leyva, aunque también dicen que fue error de sicarios del cártel de Sinaloa. Esto si no lo supe, es secreto de Estado en el cártel, nadie habla de ello porque es un suceso sumamente grave. Cuando intenté preguntar a algunos sobre el tema, cambiaban el semblante, se quedaban callados y hasta terminaban la conversación. De esto no se habla.

El asesinato del chapito se da paralelo con la captura de Alfredo Beltrán Leyva, lo que marca la ruptura entre los cárteles y la guerra por lo que ya he comentado antes.

Una de las versiones que más peso tienen es que esto sucede por una célula de sicarios que estaba al mando de Gonzalo Inzunza, el Macho Prieto, jefe de pistoleros de Mayo Zambada. Se dice que el Chapo pide que asesinen a un hombre llamado el Guacho, pero los sicarios matan al hijo del Chapo. Menudo error.

Inzunza nace el 17 de agosto de 1979, en Sinaloa, era un adolescente cuando muere su padre, quien le dejó como herencia un Grand Marquis y una pistola escuadra.

Luego se muda a Sonora donde comienza a traficar droga, pero ahí se enemista con el narco de Sinaloa Jesús René Delgadillo a quien acusaba de haberle robado una tonelada de marihuana y millón y medio de pesos. Delgadillo se esconde en Culiacán y allá llegó Inzunza en 2001 para matarlo junto con un grupo de pistoleros en una fiesta infantil, pero el hombre logra escapar.

El Mayo Zambada se entera de esto y lo llama, le pide que trabaje para él. Por años trabajó, pero siempre con autonomía que le permitiera traficar droga por su cuenta. El Mayo le decía El Apache, por la manera en la que llevaba el pelo, con partida en medio y de piel morena.

El poder de Inzunza se vino abajo el 8 de mayo de 2008, cuando un comando entra al City Market, son aparentemente confundidos y les disparan. Su vida se complicó, Ismael Zambada lo habría protegido, abandonó el estado para irse a Baja California y luego a Sonora, donde estuvo hasta 2013, donde fue abatido por la Marina gracias a traición de hombres que tenía en su organización.

Encima tiene más de 80 asesinaros, y en su momento estaba en la lista de más buscados por EEUU.

Raul Tacchuella

Capítulo 15: Las mujeres del Chapo

Para suavizar un poco este tema de sangre, hablemos de mujeres, especialmente de las del Chapo, quien eso sí que lo amaba, las mujeres y seguro es lo que más extraña en la cárcel.

Por ellas fue capturado dos veces, incluso, los cuerpos especiales de la Secretaría de Marina y la Policía Federal, mexicanas que lo apresaron en 2016 y tenían como rutina vigilar los movimientos de su pareja más reciente.

Es un hombre adicto a las mujeres. Se casó en tres ocasiones y una gran cantidad de hijos.

La primera mujer fue en 1997, Alejandrina María Salazar, madre de César, Iván Archivaldo, Alejandrina Giselle y Jesús Alfredo. La segunda, con Griselda López Pérez, con ella tuvo también cuatro hijos: Joaquín, de quien se sabe que estudió administración de empresas; Édgar, ejecutado en 2008 en Culiacán; Ovidio y Karla Pérez Rojo. Y la tercera, con Emma Coronel, con quien se casó en 2013, cuando ella tenía 18 años y él 49; es madre de dos niñas de 7 años.

Pero la relación del narcotraficante con las mujeres no se limita a su esposa. Porque el Chapo tuvo amantes, muchas, al menos dos de ellas tuvieron relevancia, al grado de formar parte de los testimonios de Brooklyn, donde se llevó a cabo el juicio.

Mientras estaba preso en la cárcel de alta seguridad de Puente Grande en Jalisco, eran famosas sus fiestas con varias mujeres. Ahí en el 2000, conoció a Zulema, una presa por los delitos de asalto e intento de secuestro.

Ella fue criada por una prostituta, crece en un ambiente callejero, lleno de carencias, además de que nunca conoce a su padre. Los testigos afirman que el Chapo lo usaba como una especie de regalo a otros reos, de la cárcel de la que escapa en 2001.

A pesar de esto sigue la relación cuando sale de la prisión, iban a tener un hijo, pero la mujer aborta involuntariamente. El amor por el Chapo lo paga bien caro, el 17 de diciembre de 2008, el cuerpo de Zulema aparece en la cajuela de un auto, con muestras de tortura, tenía marcada en varias partes del cuerpo la letra Z, esto sin duda fue un trabajo de Los Zetas.

En México una mujer muy conocida en un momento fue La Chapodiputada, quien a los 24 años ya había llegado a ser diputada por el estado de Sinaloa. Egresada de la carrera de Derecho, su trayectoria profesional parecía ir en ascenso, hasta que en una fiesta conoce al Chapo. Por entonces tenía 21 años, él estaba casado con Emma coronel y era prófugo de la justicia, Emma estaba embarazada.

Los problemas comienzan cuando las autoridades del Penal de Altiplano denuncian que en noviembre de 2014 es captada por las cámaras de seguridad ingresando con un acta de nacimiento e identificación falsa para poderlo visitar.

La mujer asegura que el que la vinculen con el Chapo es un distractor para desviar los grandes problemas de México. Luego admitió que tuvo una llamada con el narco, quien le había pedido asesoría por ataques que sufrieron sus hijos menores de edad por parte de la Marina que allanó las propiedades.

Ante esto, el Congreso le quitó la protección constitucional y ella huye de Sinaloa y es detenida en Estados Unidos en 2017. Solicita asilo político, pero se lo niega. La mujer luego fue testigo en el juicio y allí narró el amorío que sostuvo con el capo entre 2011 y 2016.

No solo esto ha salido a la luz, el Chapo también se vio acompañado de Valeria Rubí Quiroz, con quien tuvo un romance cuando estaba prófugo. Supuestamente Valeria comenzó a salir con el Chapo cuando era menor de edad, se conocen en 2009 y él le tenía cariño, le decía La gringuita.

Rubí dijo que la relación duró dos años y que cuando comenzaron a salir no tenía idea de quién se trataba.

Otro de los amoríos resonados es el que tuvo fugazmente con Kate del Castillo, la actriz mexicana. Ella tuvo un lugar importante en la vida del Chapo y en secreto se vieron en 2015, allí también estuvo el actor Sean Penn.

Hablaron por medio de mensajes de texto y conversaron bastante, una de las frases más conocidas es la que le dijo *"Me mueve demasiado que me digas que me cuidas, jamás nadie me ha cuidado"*.

A pesar de esto Kate del Castillo niega haber tenido una relación con el capo. Pero ya el lector sacará sus propias conclusiones.

No tengo nada más que decir al respecto.

Raul Tacchuella

Capítulo 16: Las criptomonedas

Algo que les sucede a los cárteles es que no saben cómo lavar el dinero, el dinero virtual es otra de las áreas donde se han metido los narcos para poder legalizar el dinero.

Pero ya la DEA lo ha detectado y tiene reportes. Cárteles mexicanos como el de Sinaloa, el Jalisco Nueva Generación o Los Zetas, han comenzado a utilizar monedas virtuales como el bitcoin, para el blanqueo de capitales a través de transacciones en la dark web.

Para la DEA, el uso de criptomonedas es el método de lavado del siglo XXI, para otro tipo de organizaciones criminales transnacionales. El uso de métodos de lavado del siglo XXI, como las monedas virtuales como bitcoin, se han hecho convencionales y accesibles.

Tienen evidencia de que las criptomonedas por organizaciones criminales transnacionales mexicanas como medio para transferir la riqueza internacional, así lo detalle el informe de la DEA desclasificado hace un tiempo.

El documento informa que actualmente las monedas virtuales son volátiles y más adecuadas para movimientos de dinero y operaciones de lavado a escala pequeña.

A pesar de que hasta la fecha hay más de dos mil monedas virtuales distintas. Con el Bitcoin sigue siendo la moneda virtual más importante y utilizada en el mundo, de acuerdo con autoridades de Estados Unidos.

Según el más reciente reporte de la sección de inteligencia estratégica de la DEA al respecto, los cárteles no solo utilizan la dark web, como plataforma para vender droga.

Los mercados anónimos de la dark web, inspirados en la desaparecida Ruta de la Seda, siguen siendo una fuente de drogas ilícitas y otros productos ilegales, y se hace por medio de monedas virtuales como pago.

Es por eso que para la DEA detener a criminales que eluden los sistemas financieros regulados e interceptar las ganancias ilícitas, son elementos clave, para desmantelas las estructuras, además de ser crucial, para proteger la integridad y estabilidad de los sistemas financieros en Estados Unidos y alrededor del mundo.

Dice la DEA a la par que ha aumentado el uso de dinero virtual, y han surgido servicios de intercambio para ayudar a convertir la moneda fiduciaria y viceversa y los cárteles se han aprovechado de estos servicios para blanquear ganancias.

Debido a estos que intercambian y cumplen con antilavado, los delincuentes buscan intercambiadores sin licencia y de igual a igual. No obstante, los cárteles mexicanos ya han logrado encender las alarmas en Estados Unidos, las transacciones de los grupos criminales aún son a pequeña escala.

Pero eso no es todo. El cártel de Sinaloa ha logrado colocar ingresos en los sistemas estadounidenses y en la comunidad china de esta localidad, todo para lavar dinero.

Los chinos que trabajan en esto se encargan de poner el dinero en el aparato legal del país y transfieren a las cuentas mexicanas por vía electrónica, indica la DEA.

También los asiáticos dedicados a esta actividad se encuentran metidos en el tráfico de marihuana y MDMA, además de cocaína y metanfetamina. Según el informe, el mercado negro mexicano de lavado de dinero, por medio de las redes de corredores de dinero y el uso de servicios de casa de cambio, transfiere ingresos de los cárteles de droga a México por medio de negocios de divisas, compra de activos con dinero en efectivo y uso de empresas fachada.

Estas metodologías para lavar dinero terminan convertidas en transferencias electrónicas convenientes para los narcotraficantes porque, debido a las distintas partes por donde pasa el dinero.

Ante la identificación de una tendencia creciente de organizaciones asiáticas dedicadas a lavar dinero, relacionadas con el negocio de tráfico de drogas, el gobierno de China establece un límite en la transacción de divisas chinas de Estados Unidos.

Un chino que resida en la unión americana solo podrá realizar transacciones por un máximo de 50 mil dólares., con disposiciones de efectivo que tendrán un máximo de 15 mil dólares anuales.

De acuerdo con la DEA algunos miembros de los cárteles mexicanos, supervisan actividades mientras radican directamente en aquel país, entre los cárteles que han sido identificados y se encuentra el Cártel de Sinaloa y el Cártel Jalisco Nueva Generación y el de los Beltrán Leyva. El reporte asegura que los operadores en cadena son conscientes de la función específica, sin embargo, desconocen otros elementos del cártel.

Varias de las personas se encuentran participando y son contratadas para trabajar en muchos cárteles y lavar todo este dinero. Mientras escribo esto, seguramente los cárteles ya han sacado otros modos de lavar dinero, porque eso si tienen ellos, que, así como son capaces de tener ideas novedosas para llevar droga a otros países, inventan cómo lavar dinero cada día.

Raul Tacchuella

Capítulo 17: La mujer que traicionó al Chapo

Hay una mujer llamada Andrea Fernández Vélez, que trabajó para el Chapo, que traicionó por cooperar con el Buró Federal de Investigaciones, y este la quiso matar. Su inverosímil historia se conoció luego del juicio en contra del fundador del cártel de Sinaloa, que se hizo en Estados Unidos.

El testimonio fue emblemático, ya que minutos después del testimonio de Vélez, El Chapo fue sentenciado a pasar el resto de su vida en la cárcel.

"Señor Guzmán, como pido perdón, yo le perdono, y espero que usted pueda perdonarme", dijo la mujer.

Alta, delgada, cabello castaño largo hasta la cintura y recogido en una cola de caballo, Vélez se para a unos cuatro metros del Chapo y contó que surgió la empatía entre ambos, cuando trabajaban juntos en un proyecto para una película sobre la vida del famoso capo.

Ella dice *"Yo admiraba profundamente al señor Guzmán (…) Lo llegué a ver como una persona buena, educada, que se preocupaba por mí, amable y con carisma. En un momento sentí que era de mi familia"*.

Pero soy un milagro de dios porque el señor Guzmán intentó matarme, ofreció un millón de dólares a los Hells Angels para que me acabaran.

La policía federal y la fiscalía de Brooklyn la rescató del infierno, asegura esta mujer de cierta edad, hasta hace poco desconocida, vestida con un sobrio traje de falta y chaqueta negra y altos tacones.

Ella fue inculpada de delitos de narcotráfico en mayo de 2012, en una corte de Nueva York, pero aparentemente no estuvo nunca en la cárcel. La mujer fue abordada en 2012 para que trabajara como informante.

Vélez aceptó para así evitar r a la cárcel, el FBI le paga 290 mil cuando su vida estuvo en riesgo en 2013, le trasladaron a Estados Unidos y le dieron una visa especial para testigos cooperantes.

La mujer dio a entender que hoy es parte del programa de protección de testigos del gobierno estadounidenses y tiene una nueva identidad. Afirmó que deseaba contar la historia para dejar de ser un hombre sin rostro.

El nexo Colombia con Sinaloa comienza entre Vélez y el narco colombiano Alex Cifuentes, socio del Chapo.

Cifuentes, testigo de la fiscalía en el juicio del Chapo, relata que Andrea era su persona de mayor confianza, la conoció a través de una actriz colombiana y como no tenía dónde ir, se va a un apartamento en Cancún.

Andrea se hace secretaria, vocera y mano derecha, maneja toda la caja chica, le compraba ropa, relojes y todas las cosas personas, incluso hasta sábanas de 500 dólares. Coordinaba la agenda y los contactos, y como su vocera, se reunía con integrantes de la guerrilla colombiana de las FARC, con narcos de Canadá y Ecuador, con militares corruptos.

Tenía también una agencia de modelaje en Ciudad de México, una empresa que era fachada para suministrar prostitutas a militares mexicanos, todo pagado por el Chapo.

La mujer admite que pecó, pero pagó un alto precio por ello. Dice que por su sueño de grandeza perdió la familia, amigos, se convirtió en una sombra sin nombre tuvo todo y perdió todo, hasta la identidad.

Sin contar la verdad, el Chapo la usó en 2013 como carnada para secuestra al capitán del ejército ecuatoriano Telmo Castro, en un restaurante, con un escuadrón de hombres armados con AK-47, un incidente que a la mujer aún le causa malos sueños.

Por esa época, a pedido del narco mexicano, Vélez ofreció a un general mexicano no identificado diez millones de dólares para que dejara de perseguirlo, el Chapo molesto es cuando mata a la mujer.

Sin embargo, todo indica que la mujer colabora con el FBI durante más de un año, El Chapo pudo haberse enterado de que era informante. Porque traicionó al patrón.

El narco contó que con Guzmán Loera decide contratar los Hells Angels para matarla cuando estuviera en Canadá. Pero en noviembre de 2013, el día en que debía reunirse con un jefe de la pandilla para ajustar los detalles. Cifuentes es apresado por la policía mexicana y es encarcelado. Vélez dijo que padecía el síndrome de Estocolmo, y que sus amigos se transformaron en sus captores. Le decían que si se iba solo podía hacerlo en una bolsa negra.

Hablando de otras cosas, la actriz Kate del Castillo, cambia de forma radical, lo que parecía un abrir de puertas de muchas oportunidades, la mujer fue a uno de los escondites del Chapo. Cenó y se entrevistó con él, esto según ella para filmar una película.

Luego de este encuentro, Del Castillo sufre una persecución del gobierno de Enrique Peña Nieto, además vive el torbellino de información que sale en los medios sobre esa entrevista que tuvieron.

De esa reunión quedaron muchas lagunas, pero ahora mismo te voy a contar una serie de secretos que salen de esta reunión que tuvieron los dos, Kate y El Chapo.

Luego de aquella cena Guzmán Loera y la actriz tuvieron su encuentro secreto, a solas, sin nadie más. Cuando se encerró la primera vez con el capo, este le tocó el brazo y ella se asustó mucho, pero pronto le pasó esa sensación.

Ese toque sirvió para que se le bajara la presión, el alma, pero cómo le tocó el brazo, supo que no le haría nada malo. Ella sabía cómo tocan los hombres, la pudo agarrar de la cintura, agarrada de la espalda, pero el hombre fue caballeroso, siendo lo más sutil posible para no asustarla. Aunque cerca de ella había una serie de armas, listas por si se presentaba una mala situación.

Del Castillo ha comentado en varias ocasiones que el Chapo, de Cártel de Sinaloa, le concedió los derechos del contenido en la entrevista que hizo Sean Penn, son de ellos. De hecho, en un video, el narco publicó un video que rodó por las redes sociales, diciendo que es un contenido exclusivo, para la señorita Kate del Castillo.

Además, la mujer dijo que el Chapo le dio los derechos para utilizar contenido sobre su vida. Este hecho en algún momento tuvo reacción de Emma Coronel, esposa del narco. La pareja explicó en una charla con Telemundo, que se tendrá que poner en contacto conmigo porque todo lo que tenga que ver con la relación con la vida de Joaquín.

Kate dijo en una entrevista que *"mientras el señor ("El Chapo") esté vivo, yo no tengo absolutamente nada, porque él puede cambiar su opinión mañana o pasado mañana"*.

Kate del Castillo fue una pieza para que la Procuraduría General de la República, atrapan al chapo de nuevo, sin embargo, la actriz no pudo pisar México por casi tres años debido a la investigación que se abrió en su contra.

Aunque la administración de Enrique Peña Nieto, la investigó por posible lavado de dinero, ningún cargo se presentó en su contra. Por ello en una entrevista, se dijo que a lo mejor la persecución es para que no hable y revele información comprometedora.

Todo esto provocó que la actriz sufriera económicamente para pagar abogados. Dice que está quebrada, que ha estado pagando abogados en los Estados Unidos y México por varios años.

Cuando vuelve a México cuando comenzó al gobierno de Andrés Manuel López Obrador, Kate inicia acciones legales en contra de la administración anterior y de la PGR, hoy Fiscalía General de la República.

Demanda por los daños que le dejó la investigación, asimismo, pidió un monto de sesenta millones de dólares, pues ella argumentó que dejó de ganar contratos, además del desprestigio que sufrió ella y la familia.

Capítulo 18: Cómo fue el juicio del Chapo

Tenemos en esto traiciones, revelaciones increíbles y la caída del chapo por fin. A estas alturas ya es hora de contar el juicio del siglo.

Los ojos del mundo entero estuvieron durante tres meses puestos en el juicio del siglo. Este tiempo sirvió para presenciar los testimonios atroces del comportamiento de uno de los capos más importantes de México, Joaquín El Chapo, quien lo que le pusieron fue diez cargos y esto le sumó cadena perpetua.

En ese juicio se vio a gente que estuvo en el cártel de Sinaloa, a un agente de la DEA, a Emma Coronel y a un jurado que llamó la atención de todos los que mantuvieron la atención para conocer cuál sería el destino del que fue uno de los más sonados narcos del mundo.

En el juicio estuvo Mariel Colón, una de las abogadas que representó al Chapo, esta determinó que la actuación de los miembros del jurado fue clave en la decisión final, porque todos tenían una imagen preconcebida de la vida y desempeño del líder del narcotráfico mexicano y por tanto la defensa no inició desde el supuesto de la presunción de inocencia.

No faltó un jurado que no supiera quién era el Chapo, para que la justicia fuera completa, dijo el hombre. Está manchado por los miembros del jurado que cometieron un crimen porque mientras el juez les decía que no lo hicieran, durante los meses del juicio, dijo la defensora en una entrevista.

Colón confesó el comportamiento del jurado les jugó en contra, lamentablemente la gente, el jurado y la prensa ya lo habían dado por culpable, durante mucho tiempo. Todos conocían al Chapo de mala manera, esto fue desventaja. Por eso dicen que no hubo justicia. Se basaron en muchas opiniones sobre él y no en la realidad.

La esposa de Joaquín El Chapo Guzmán, Emma Coronel, acaparó muchos reflectores con su presencia. En el juicio ella logró que la atención del os medios de comunicación y de los asistentes a cada audiencia que se celebró en la Corte. La atención que ella recibe fue igual o mayor a la que obtenía el capo, por lo que se llegó a especular era para distraer al jurado a la prensa y al mundo entero.

La abogada del capo y la propia Emma, aseguró que su clienta solo asistió para acompañar al Chapo, porque *"Ella es una esposa que siempre está al pendiente de su esposo, lo ama, lo quiere muchísimo, y obviamente estuvo ahí apoyándolo"*. Dijo en una entrevista.

Iba a apoyar al esposo, que era su única intención de ir a Estados Unidos, porque es ciudadana norteamericana y las otras personas de la familia no pueden venir porque no tienen visa para ir.

El hermano de Ismael El Mayo Zambada, acusa al ex secretario de Seguridad Pública de México, Genaro García Luna, de recibir dinero del narcotráfico.

El hermano de El Mayo, acusa a Genaro García Luna de recibir dinero del narcotráfico a cambio de protección, para los miembros de los cárteles de Sinaloa y también de los Beltrán Leyva.

Este hombre, declara que personalmente entregó en 2005 y 2006 dos maletas entre seis y ocho millones de dólares a García Luna, quien está preso hoy en Estados Unidos. Todo este dinero era sucio.

El testigo del gobierno estadounidense en el juicio del siglo añadió que con los sobornos busca asegurar la presencia de un funcionario de alto rango y que simpatizara con su hermano como el encargado de la policía en Culiacán.

Este testigo trabajó como aviador personal del Chapo entre 1986 y 1998, El Gordo, como es mejor conocido, fue el intermediario entre el cártel de Sinaloa y los de Colombia, Cali y Medellín, a quienes les recibió cargamentos de droga para llevarla a Estados Unidos. Además, se ocupaba de hacer pagos a oficinas en distintos lugares del país, todo perteneciente al Chapo.

El ex colaborador del Chapo dijo que no traicionó a su capo, este le mandó a matar cuatro veces. *"Cuando estuve luchando contra mi extradición yo nunca mencioné al señor Guzmán, nunca le fallé, nunca le robé, nunca le traicioné, cuidé de toda su familia y lo único que recibí de él fueron cuatro atentados contra mi persona"*.

Martínez, quien fue gerente del Cártel de Sinaloa, aseguró que no quería declarar contra el Chapo, porque temen que lo manden a matar.

El hijo de El Mayo, fue otro de los testigos del juicio, en este caso Vicente. Este dice que los capos utilizaron a la policía para que se enfrentara contra los hombres de los cárteles rivales de los hermanos Beltrán Leyva y los Carrillo Fuentes, con lo que lograron neutralizar a sus enemigos sin necesidad de entrar en choques armados.

Frente al jurado Zambada Niebla dio detalles sobre la primera fuga de su padre a bordo de un carro de lavandería cuando estuvo preso en la cárcel de alta seguridad.

El Vicentillo dijo que solo tres o cuatro personas sabían que se iba a fugar, ya que existía el riesgo de que no pudiera concretarse si se difundía.

Estas declaraciones las ofrece a cambio de una reducción de condena, así como un acuerdo para que la familia tuviera permiso para ingresar a Estados Unidos.

Otro de los hombres que estuvo fue Christian Rodríguez, este es un ingeniero colombiano especializado en herramientas telemáticas y digitales que le creó un sistema de comunicaciones al Chapo, pero que lo traicionó con tal de no pisar la cárcel. Ahora, como testigo protegido, fue el responsable de recuperar miles de conversaciones del capo, y hacerlas llegar a las autoridades de Estados Unidos.

Fueron cerca de 1500 llamadas telefónicas las interceptadas entre abril de 2011 y enero de 2012, que se presentaron en este juicio históricos. Con todo esto, el FBI conoció que el Chapo tenía una serie de movimientos y lo pudieron apresar. Esta traición desató en Rodríguez varias crisis nerviosas que superó en hospitalizaciones y electroshocks.

"Tenía demasiado estrés sobre mí (…) Me dieron terapia electroconvulsiva", contó al jurado el hombre originario de Cali, quien todavía recibe terapia."

Finalmente, el chapo fue condenado a cadena perpetua, eso lo sabe todo el mundo, mientras tecleo esto, ya han pasado doce meses desde que sucediera todo lo que he contado. Hoy, el Chapo, tiene empleo en la cárcel y bastantes limitaciones.

Ya el Chapo consiguió en qué ocuparse en la cárcel, esto lo hace durante las 23 horas que pasa en la celda, así sale a la luz por medio de su abogado Jeffrey Lichtman.

Sobre esta cárcel, la ADX Florence, es donde el Chapo pasa sus días y se espera se quede hasta su muerte. Es la Alcatraz de las Rocosas, allí se encuentran encerrados terroristas, espías, ex miembros de Al Qaeda, asesinos en serie y ex miembros de las Fuerzas Armadas de Colombia, las FARC.

Esta cárcel es peor que la muerte, es la prisión de las prisiones, porque es inhumana y peor que Guantánamo. Los prisioneros están encerrados 23 horas del día y el Chapo no tiene contacto con casi nadie.

Este hombre que escapó dos veces de prisiones mexicanas que se consideraban de alta seguridad, pasa los días en un cuarto de dos por tres metros, donde solo hay una cama de cemento, un baño, un lavabo y el distribuidor de agua.

La prisión sombría de ADX en Colorado, tiene a lo peor de lo peor. Es la cárcel más segura de Estados Unidos, tiene medidas estrictas de seguridad, aloja a presos que son lo peor para la seguridad pública.

El que fuera considerado intocable, ahora pasa la vida en este lugar donde intentará apelar, pero la suerte es poca, puede que nunca más salga de allí, al menos no vivo. De esta cárcel que abrió en 1994 nadie ha escapado. Tiene 410 presos, son llevados en autobuses blindados, helicópteros Black Hawk, a las extensas instalaciones unos 115 kilómetros al sur de Denver.

Tiene una docena de torres de vigilancia y alambradas rodeando la red de edificios de ladrillo que son patrulladas las 24 horas del día los siete días de la semana, guardias fuertemente armados y perros entrenados. Así que la esperanza de que el Chapo escape es cero.

Las celdas son de paredes gruesas e insonorizadas, lo que garantiza que os presos no se comuniquen entre sí, la cama es una losa de concreto con un colchón y mantas, el lavabo, el fregadero y una fuente de agua.

Solo hay una silla y un escritorio, de hormigón, para alguno una televisión blanco y negro que muestra programas religiosos y educativos seleccionados con mucho cuidado.

Cada celda cuenta con una ventana con forma de hendidura de 42 pulgadas de alto y 4 pulgadas de ancho, que tiene un ángulo para que no haya una vista del cielo ni de otras celdas. Tiene la intención de evitar que los internos vean incluso el complejo de la cárcel. Alguien que estuvo preso aquí describió que la cárcel es como una versión en alta tecnología del infierno, diseñada para apagar toda percepción sensorial.

El hombre que fue encerrado dos veces en México y en una escapó en un carro de lavandería y en la otra en una motocicleta sobre rieles e iluminación eléctrica en un túnel largo de más de un kilómetro, ahora está sin esperanzas aquí.

El tiempo que el Chapo pasó en México preso no fue tan duro como esto, porque los guardias y los funcionarios de la prisión le permitieron vivir como un señor, dando fiestas, cenas y celdas con lujos.

Pero donde está ahora no lo pasa nada bien, lo digo con base y además lo dijo al mundo su abogada. Está más flaco, más apagado. Se la pasa todo el día aislado, nadie habla español, él no habla inglés, ni los guardias hablan español. Todo se le hace más difícil. Pidió lentes para leer porque hasta para eso tiene problemas.

Come en su celda, se baña allí, sale muy poco a llevar sol y ahora con la pandemia sale mucho menos. Tiene permiso de hacer dos llamadas al mes de 15 minutos cada una, las cuales las utiliza para llamar a su madre, Consuelo Loera, a su hermana o con sus hijas. También ha llamado alguna vez a su esposa Emma.

Las únicas que pueden visitarle son sus hijas, pero ellas no viven en Denver así que no van todos los meses. Cada vez que llama puede elegir a quién llama.

En un informe que realizó Amnistía Internacional en 2014, concluye que el duro régimen de aislamiento y privación sensorial tenía un efecto devastador en la salud de los presos.

Un par de años antes, una demanda colectiva de presos con enfermedades mentales afirmaba que muchos de ellos gritaban, lamentaban, golpeaban las paredes de las celdas o mutilaban partes del cuerpo con lo que pudieran hallar. De las cárceles esta es la peor, porque otra, que es la H-Hut, allí pueden publicar cartas, hacer ejercicio, hablar por teléfono y hasta escribir libros.

Apelará

El Chapo pretende apelar, dice que no está dispuesto a dejarse amedrentar, que hay muchos cabos sueltos en esta condena y se aferra a ellos, esto lo dicen sus abogados hablando por él.

Cuando el hombre pudo hablar dijo que le habían torturado 24 horas al día durante 30 meses, también se queja de no haber permitido un segundo juicio.

Jeffrey Lichtman, abogado del capo va a apelar, ya presentó ante el Tribunal de Apelaciones de Estados Unidos para el Segundo Circuito, lo necesario para ello, pero aún no le dicen nada y en una oportunidad ya lo rechazaron.

El Chapo, que tiene 63 años, tiene muchos cargos encima, blanquear dinero, algo que Estados Unidos le duele más que la misma droga, por meter droga al país, por utilizar armas, estos son algunos de los cargos que le imponen.

Entonces al Chapo le meten la cadena perpetua, pero además de eso 30 años más por violencia con armas de fuego. El gobierno de Estados Unidos solicitó que se recuperaran los 12166 millones de dólares por los beneficios ilícitos que el Chapo obtuvo gracias al narcotráfico. Este cálculo se saca de las cantidades de droga obre las que el jurado movió el caso. Pero fue mucho más, muchísimo más.

El Chapo ha traficado por décadas, muchas toneladas de cocaína, muchos miles de millones, imposibles de calcular. Tal vez no logre ver qué pase con el Chapo, a lo mejor muero primero, a pesar de ser mucho más joven que él.

El único alivio que tengo es que podré terminar este libro, al que no le queda mucho, ya preparé enviarlo a Presidencia de un diario donde trabajé por años, bueno, sigo trabajando, pero ellos no tienen contacto conmigo ni yo con ellos. Solo que lo tengo listo, siempre con la ventana abierta y el internet apagado para que no me rastreen, pero cuando corresponda, es solo darle enviar y estará listo, así si me capturan estas palabras y esta historia no quedará en vano.

Mi meta con estas letras, es que lleguen a ser un libro. En algunos pasajes de este libro la emoción me ha dominado, a pesar de que he intentado mantener el tono periodístico, narrando muchos hechos del cártel, muchas situaciones.

Es difícil centrarme en una sola y es difícil hablar cronológicamente del cártel de Sinaloa, porque este ha cometido tantos crímenes, ha sido tan violento, tan sangriento, ha hecho tanto daño, que hablar del cártel a nivel cronológico sería quedarme apenas a mediados de los ochenta, por eso, quise narrar desde lo que viví cuando estuve con ellos, muchos hechos que escuché de primera mano y lo que conocía ya de mi paso por la organización.

Voy a contar por qué fue que finalmente mi nombre tuvo un precio, yo delaté al Chapo, dije dónde estaba, me entero porque lo escucho por accidente de uno de los hombres del Chapo que estuvo donde estaba escondido y se lo dijo a otro y alcancé a escucharlo.

Lo pensé por mucho rato, vi lo que ofrecían de recompensa y vaya, el precio me gustó y me lancé, traicioné definitivamente a este cártel al que entré para hacer un libro a favor, porque estaba admirado por lo que veía en redes sociales y cuentos de camino, por el dinero que regaló a los pobres y por todo eso bonito que cuentan de los capos de la droga, pero dentro, vi todo el excremento y solo quería huir de allí. Creo que en mi desespero esa fue mi única salida, pensé que con el Chapo todo acabaría, no pensé bien y yo mismo me condené a muerte.

Sesenta millones de pesos ofrecían por el que diera el paradero del Chapo, y Estados Unidos ofrecía 5 millones de dólares. Se dice que el personal naval recibió información ciudadana sobre el paradero del narco, el operativo se llevó a cabo en un hotel de Los Mochis, donde se dio un tiroteo y uno de los oficiales de Marina resultó herido.

El capo fue encañonado y redimido en una cama King size, en la habitación del hotel. El hotel era el Doux y eso fue lo que escuché, "vengo de llevarle unas cosas al patrón en el Doux". En ese operativo mueren cinco hombres y arrestan a otro poco, entre esos al Chapo.

Imaginen el lío en el que me metí con esto. Cuando me enteró del paradero llamo a un oficial conocido, uno como periodista conoce a todo mundo, y siempre tiene el teléfono de alguien, bien, le cuento al hombre, este cuelga emocionado, y comienza la cacería. Resulta que le ladré al árbol equivocado, porque este hombre se desapareció, se echó el honor de saber dónde estaba, cobró los pesos y se esfumó, protección de testigos, pero antes de irse me dejó un regalo, delató mi nombre y supieron que era el soplón.

El hombre dice esto justo en 2019, cuando condenan a perpetua más 30 años al Chapo, allí para suerte mía, no estaba cerca de ninguno de la organización, pero sí recibo una llamada, un mensaje lleno de ira de uno de los sicarios, muy amigo mío, que dice: "Maldito hijo de la chingada, te quería como a un hermano, te voy a partir la madre yo mismo".

Fue un error ese mensaje, pero seguro no lo pensó entonces, porque yo salí corriendo de casa, apenas con lo que traía puesto, mi apartamento fue incendiado, un cortocircuito dijo el reporte, pero sé la verdad, ellos lo quemaron y desde entonces, hace ya un año que estoy huyendo. Me oculto en casas abandonadas, en barrios de mal alumbrado. El teléfono lo tengo como herramienta, pero no llamo a nadie ni lo prendo, en él tengo el internet para poderme conectar. Claro, cambié la línea, para evitar, pero siempre ha logrado ubicarme. La tecnología que tienen ellos es poderosa, no tiene límites, por eso, estar lo más análogo posible es la única salida para tener un día más de vida.

El motivo por el que escribo este libro, no es para denunciar a nadie, no es para acusar a este o al otro, no tiene sentido, qué hago con decir que el Chapo torturó de este modo o aquel, nada, igual seguirán libres, si se va uno llega el otro y el cártel de Sinaloa es poderoso, inmenso e indetenible.

Por eso escribiré una última anécdota y pondré punto final a este libro.

Cuando comenzaba a estar en el cártel de Sinaloa, el Chapo me llama y me dice que le acompañe a un lugar. Entramos a una casa donde había varios hombres y entre ellos un médico. Allí, asustado estaba quien luego sabría que era Israel Rincón Martínez, alias El Guacho, que pertenecía a la célula de los Beltrán Leyva, estaba maniatado y maltratado, lo tenían allí por haber matado al operador del cártel de Sinaloa, Manuel Fernández, alias La Puerca o El Animal.

Tuve que presenciar cómo le cortaron una oreja y cómo le sacaron los dientes. Nunca he escuchado unos gritos más espeluznantes que esos. Cuando el hombre quedaba desmayado, el médico le revisaba los signos vitales para saber si se podía continuar ahora o no.

Lo torturó de muchas maneras, y el 10 de octubre de 2010, el cadáver de una persona es encontrada por elementos de la Procuraduría General de Sinaloa, en la ciudad de Novalato, luego se supo que era Israel Rincón.

Era un hombre de 29 años, originario del estado de Durango, que un día asesina al primogénito de Manuel Fernández, porque lo confunde con un hijo del Chapo.

Poco después de que pasa esto el Chapo llama al padre y le dice que lo siente mucho y le ayudará a dar con los responsables del hecho, así es que dan luego con Israel Rincón para torturarlo hasta matarlo.

Por bastantes días estuve traumado y a veces algunas noches sueño con esa escena, con la muerte del hombre, con sus gritos. Yo fui quien sostuvo la cámara donde él habla al mundo, el video sigue en YouTube, allí un aporreado Rincón cuenta un poco de historia, lo que siguió luego que apagamos la cámara, no lo quiero escribir ni lo quiero recordar, porque recordar esto es...

Escribo esto rápido. Siento unos ruidos afuera, estoy en una casa en un barrio alto de México, son las doce y media de la noche, tengo varios meses aquí metido, todo está a oscuras, apenas tengo el destello de la pantalla de este teclado.

Pero afuera, por primera vez, escucho pasos, botas que crujen en el suelo, es un intento sigiloso de no hacer ruido.

Tengo miedo, no sé qué pase, creo que voy a callar...

Creo que el final de este libro ha llegado, una gran ironía, este libro termina en paralelo con mi vida.

Tengo abierto esto, acabo de decidir en último momento pegar esto en un drive compartido.

¿Habrá sido este mi error?

¿Me dejé dominar por el miedo?

Dios, ayúdame los escucho en la puerta los escucho moviendo la cerradura, son ellos, son ellos, Dios mío perdóname todo lo malo mama perdóname. [1]

Le acaban de dar un golpe a la puerta, parece que la patearon.

Envío esto.

Noticia que se publica dos días después

El día de ayer fue hallado el cuerpo sin vida de nuestro periodista XXXXXX hasta el momento se desconocen las causas de muerte, se presume fue por un infarto, aunque aún se espera el veredicto de la morgue.

Las autoridades realizan las respectivas investigaciones, dado que hay informaciones contradictorias. Algunos testigos relatan que en la madrugada su sueño fue interrumpido cuando escucharon una fuerte balacera de armas de alto calibre e incluso una detonación.

En el interior de la vivienda, dicen algunos haber escuchado los gritos de súplica de un hombre que lloraba como un niño e imploraba clemencia.

Esto contrasta con lo que han dicho las autoridades y lo que nuestros reporteros intentan investigar.

Uno de nuestros periodistas intentó apersonarse al barrio y al lugar de los hechos, pero hombres armados tienen cerrado el paso y fueron particularmente hostiles con él.

Seguiremos investigando para dar con todos los hechos alrededor de la muerte de nuestro querido periodista.

NOTICIA EN DESARROLLO

Nota del editor

La noticia que acaban de leer fue la única que salió sobre la muerte de nuestro amigo, mi amigo. Yo fui quien recibió el libro que escribió como legado de vida, como homenaje a muchos caídos y como moraleja para quienes intenten entrar en el narcotráfico.

La muerte de mi amigo fue terrible. La puerta la derribaron con un explosivo y su cuerpo se convirtió en un trozo de carne por todas las balas que impactaron en su existencia. Fueron tantos que quedó irreconocible. En su cuerpo pusieron un cartón que decía "Soplón".

El día que delató al Chapo escribió su lápida, él lo sabía, solo alargó el día de su muerte, pero ya no le quedaban salidas ni dinero para continuar. Por eso corrió la suerte que corrió y perdí a mi amigo querido.

Una muerte más en el cártel de Sinaloa, un periodista más, como los tantos que mueren a diario por denunciar lo que sucede en el crimen mexicano.

Por razones obvias y para mi propia integridad, este libro sale bajo seudónimo, tanto de mi periodista amigo, como de mi persona, nadie está a salvo del cártel de Sinaloa.

Ni ellos mismos.

[1] Este párrafo es casi lo último que escribe, decidimos dejarlo así, con los errores ortográficos, porque demuestra el terror que tenía, sabía que había llegado su muerte. (N del E).

Más del autor

Nuestro BestSeller El patrón

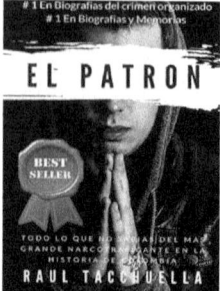

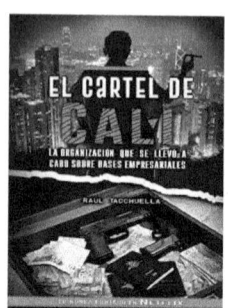

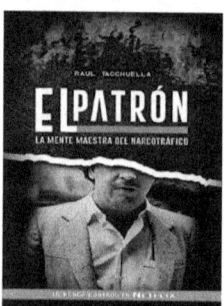

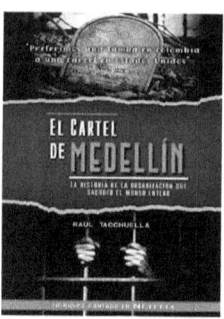

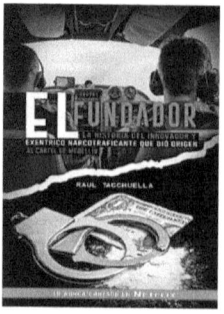

www.ingramcontent.com/pod-product-compliance
Lightning Source LLC
Chambersburg PA
CBHW050242220526

45465CB00002B/516